出口王仁三郎玉言集

新月のかけ【上巻】

木庭次守［編］

八幡書店

月宮殿の出口聖師

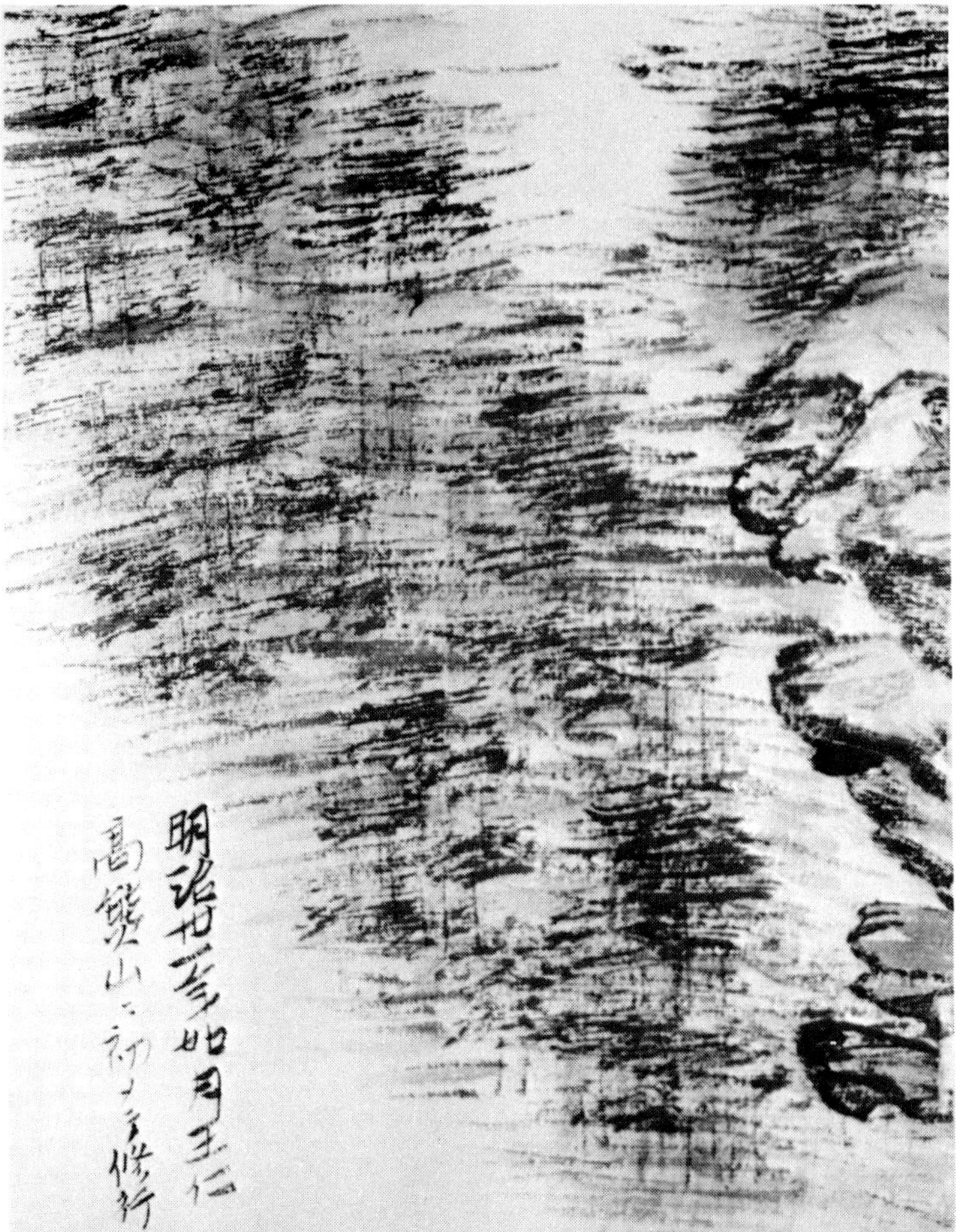

明治卅一年如月　王仁高熊山ニ初メテ修行

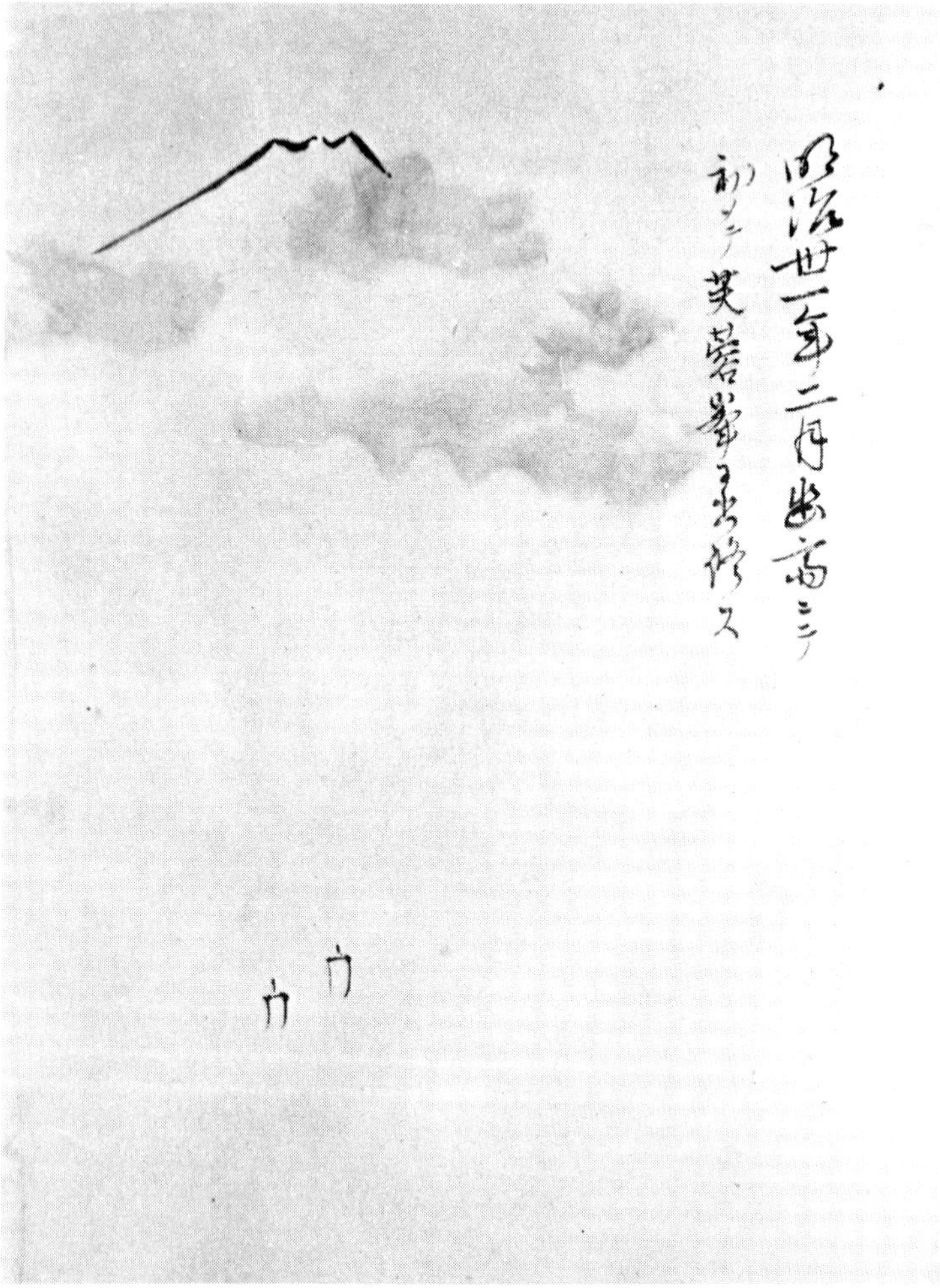
明治卅一年二月出京ニテ
初メテ芙蓉峯

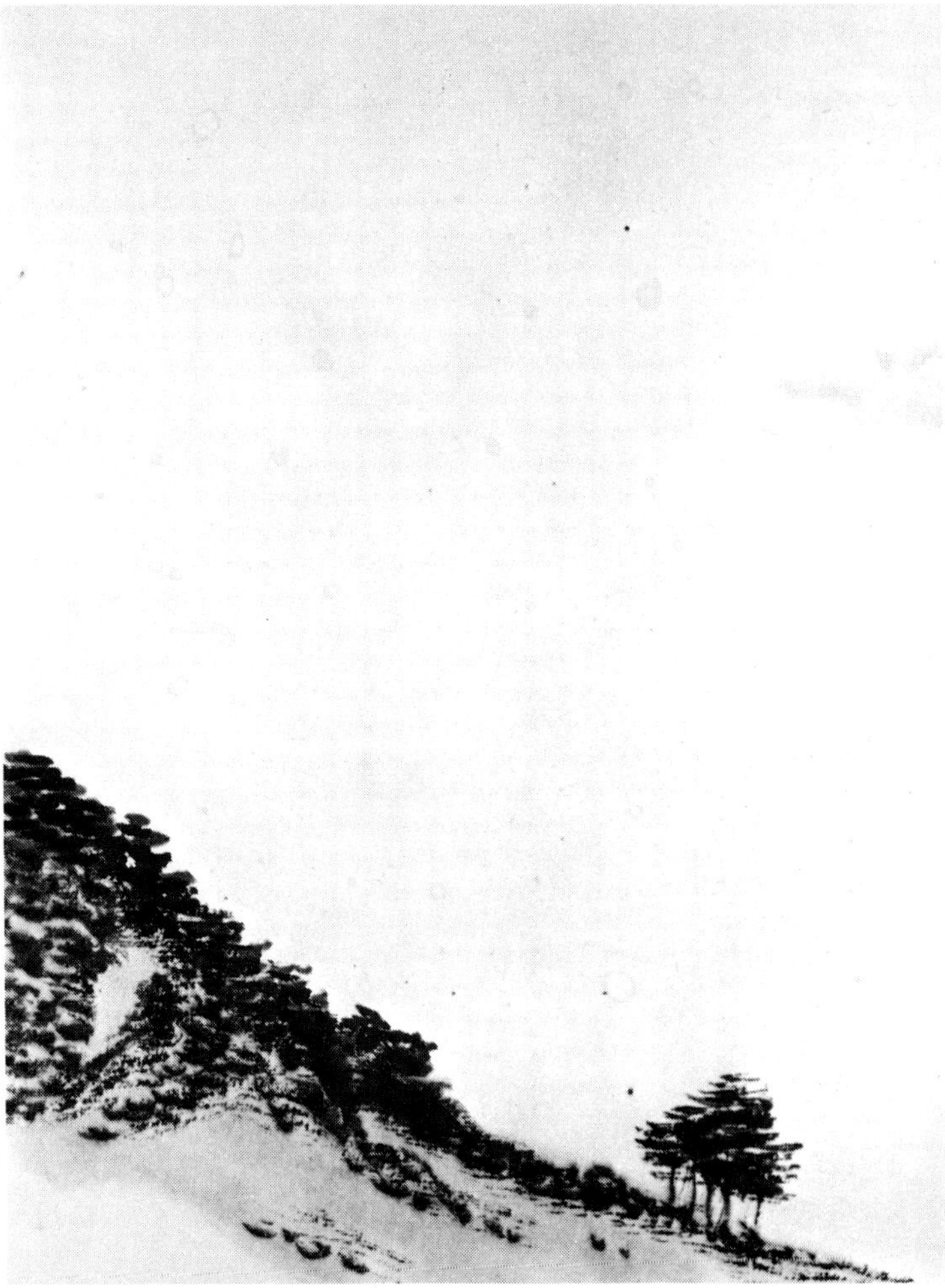

明治卅一年二月　幽齋ニテ初メテ芙蓉峯ニ出修ス

明治三十一年七月
八木ノ茶店ニテ
出口開祖ノ神勅
ニ接ス

明治三十一年七月　八木ノ茶店ニテ出口開祖ノ神勅ニ接ス

明治三十一年八月　初テ本宮山ヲ見ル

明治三十二年四月　飛弾の高山ニ普賢仙人ヲ問ヒテ神秘ヲ悟ル

明治卅三年
旧五月八日初テ
松島勒ヲ行
吾常勒ノ処ニ
雄島之北傍ヨ

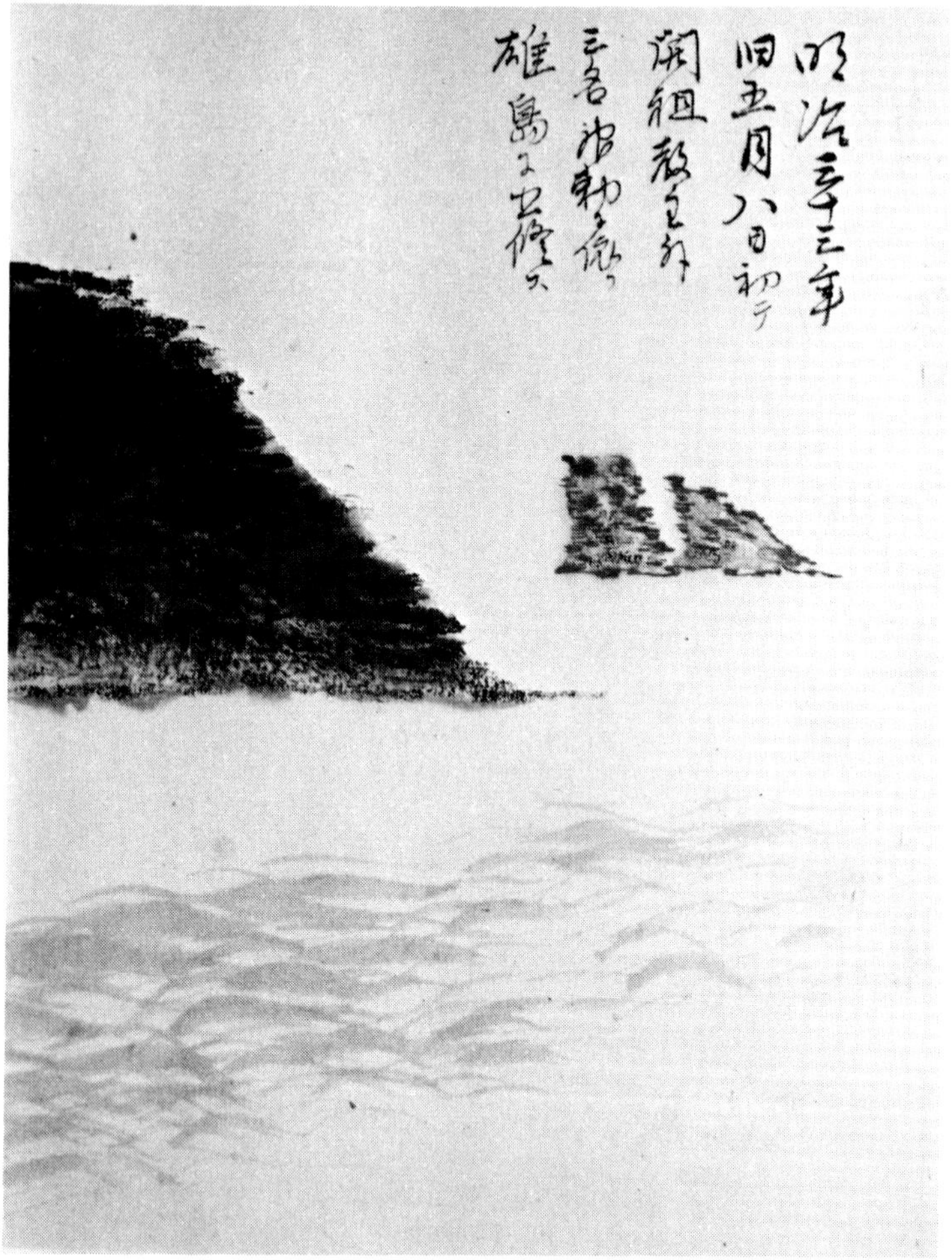

明治三十三年旧五月八日　初テ開祖教主外三名神勅ニ依リ雄島ニ出修ス

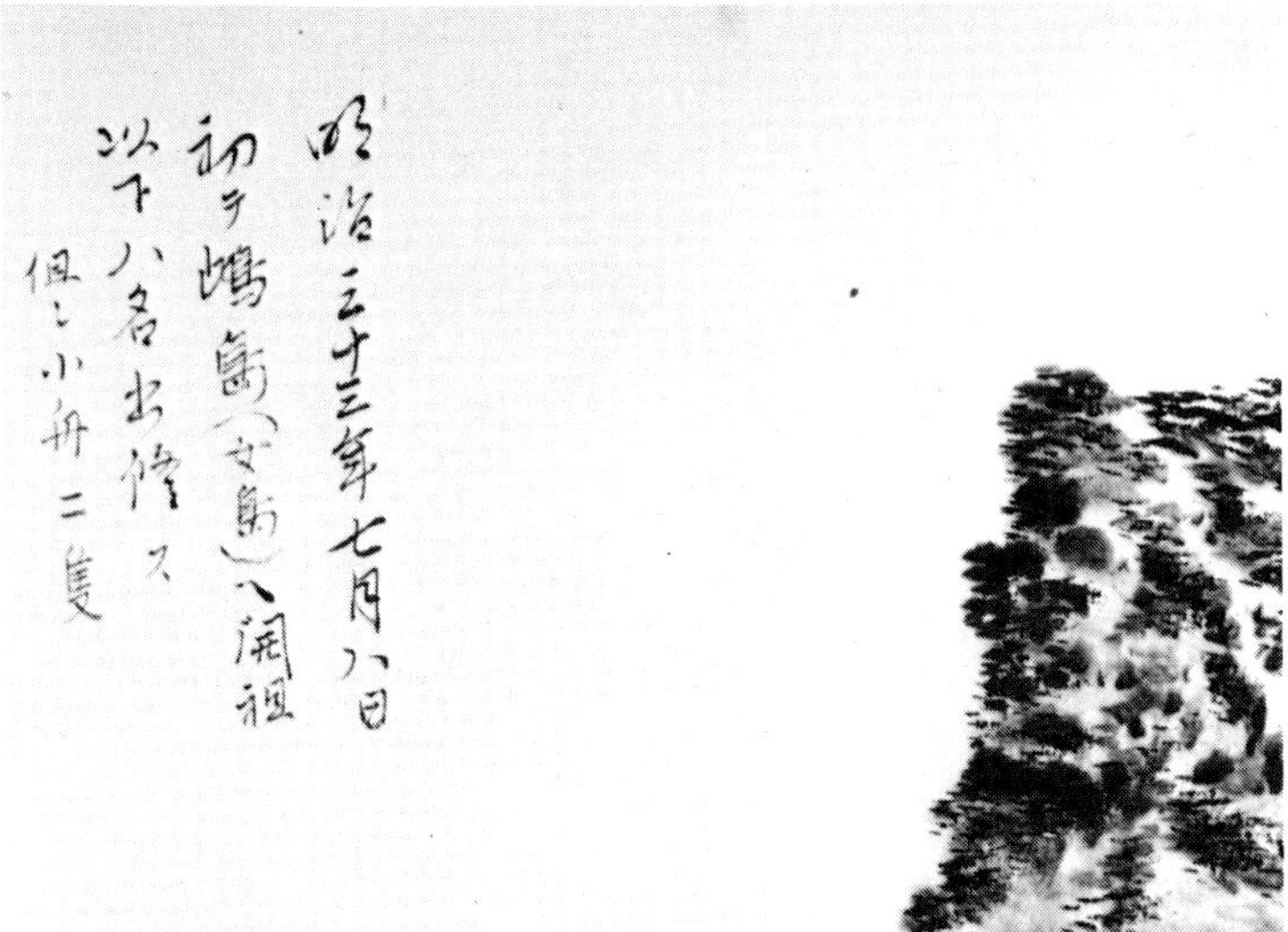

明治三十三年七月八日　初テ雌島（女島）へ開祖以下八名出修ス但シ小舟二隻

明治三十三年八月三日　綾部大橋上流にて王仁危険を神示にて知り難を免る

明治卅三年上谷之道

明治卅三年上谷之遭難

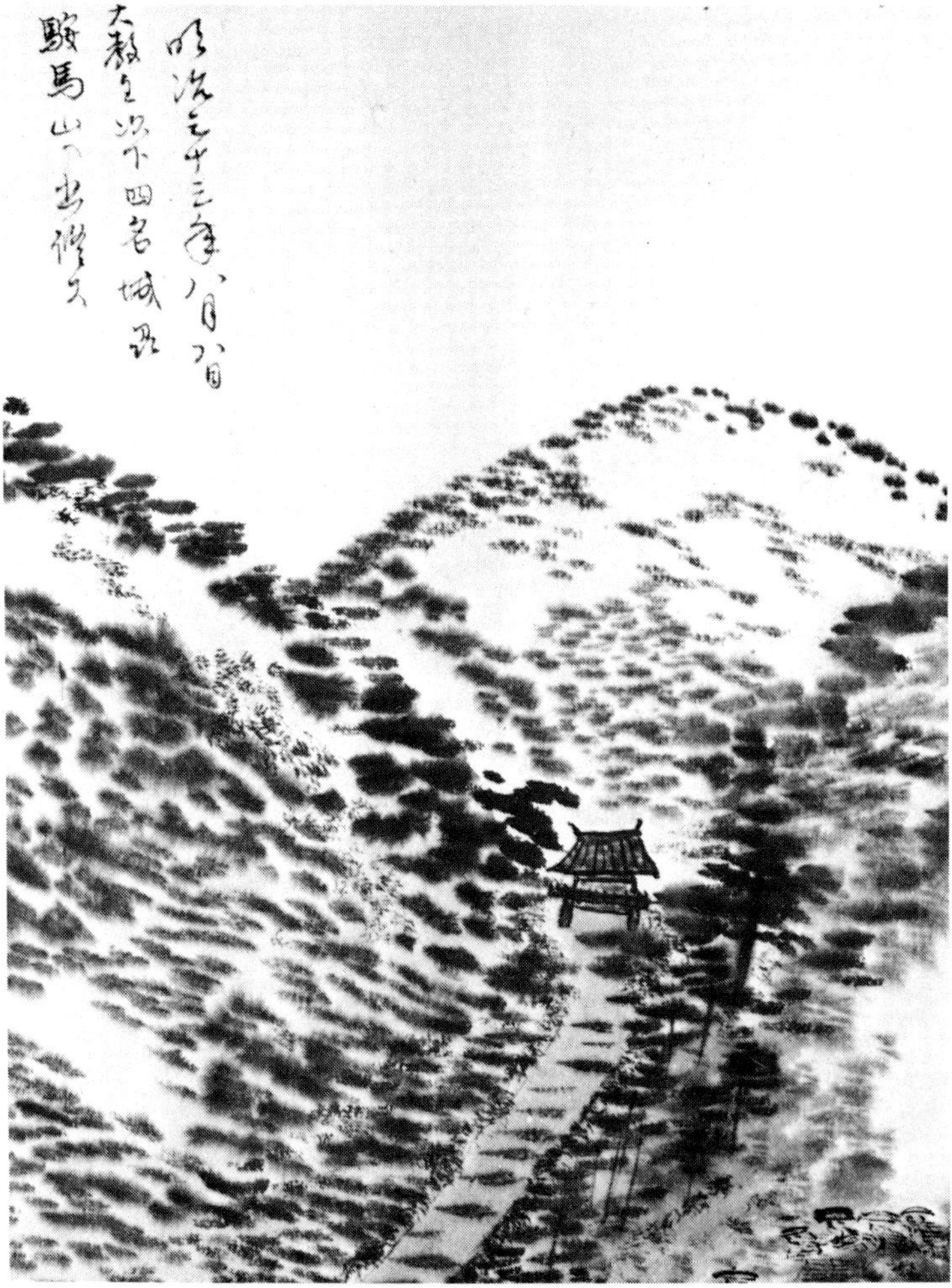

明治三十三年八月八日　大教主以下四名城ゟ鞍馬山へ出修ス

明治卅三年八月十五日夜　大原神社附近にて遭難の実況

明治三十四年四月八日　大教主以下三十五名元伊勢天岩戸へ参詣ス

明治三十四年五月八日　大教主以下二十五名出雲大社へ参詣ス

明溪雲嶂
八月七日
閩溪一人
弘仁
公長觀

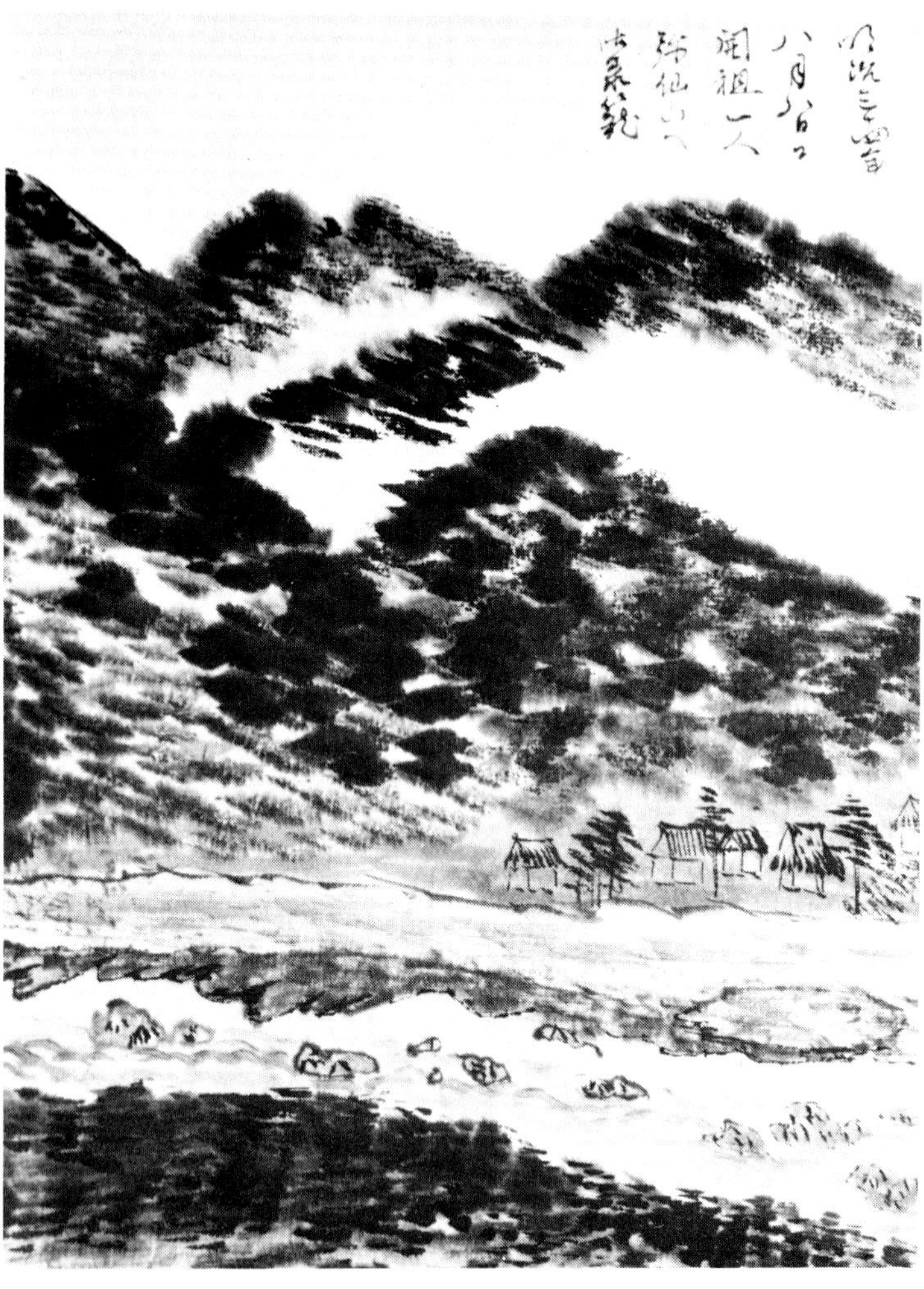

明治三十四年八月八日に開祖一人弥仙山へ御参籠

白衣の出口聖師

神素盞嗚尊扮装

聖師の宣伝使服と手造の布袋

聖師のお作品と大本二代教主（昭和二十五年）

弁財天女扮装（映画　昭和の七福神）（昭和十年）

神島開き（自伝映画）（昭和十年）

聖師・保釈で出られて亀岡の大本農園の家で静居（昭和十七年）

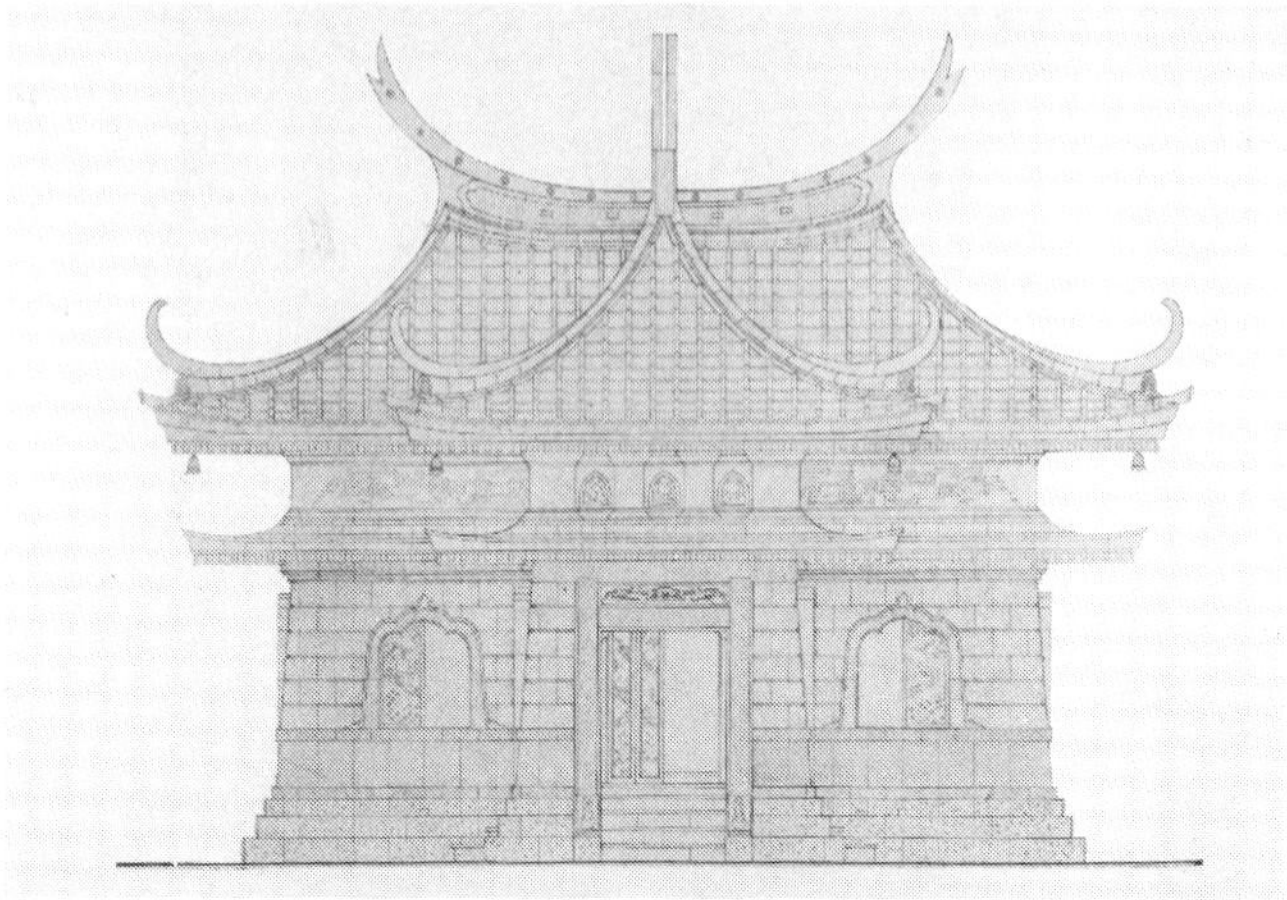

月 宮 殿

長 生 殿

出口王仁三郎聖師とすみ子夫人（昭和十七年）

庭に大本神苑をつくる聖師（昭和二十一年）

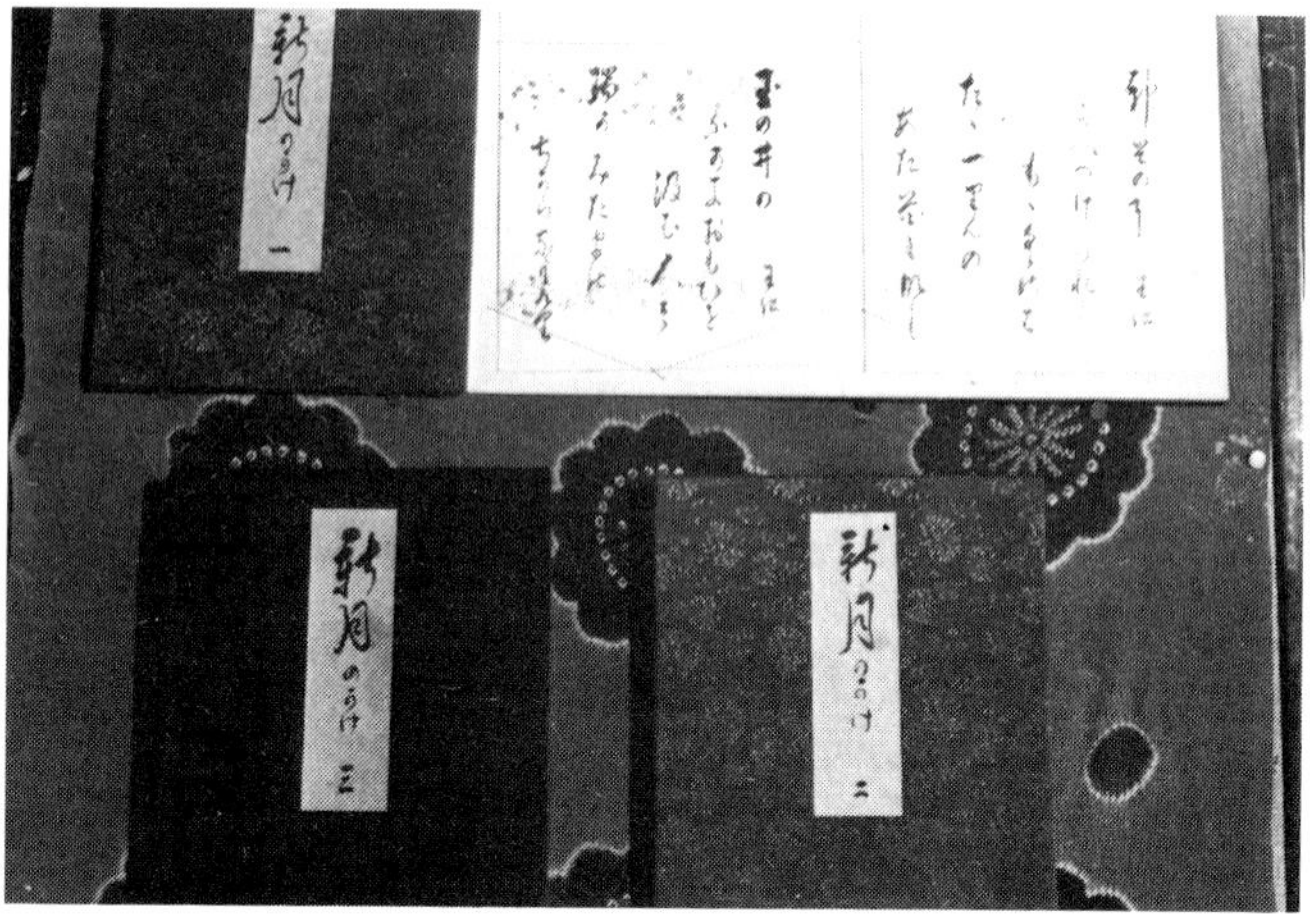

題「新月のかけ」の原本

「新月のかけ」の種本

観音像製作中の聖師

大本二代教主筆の木庭次守肖像

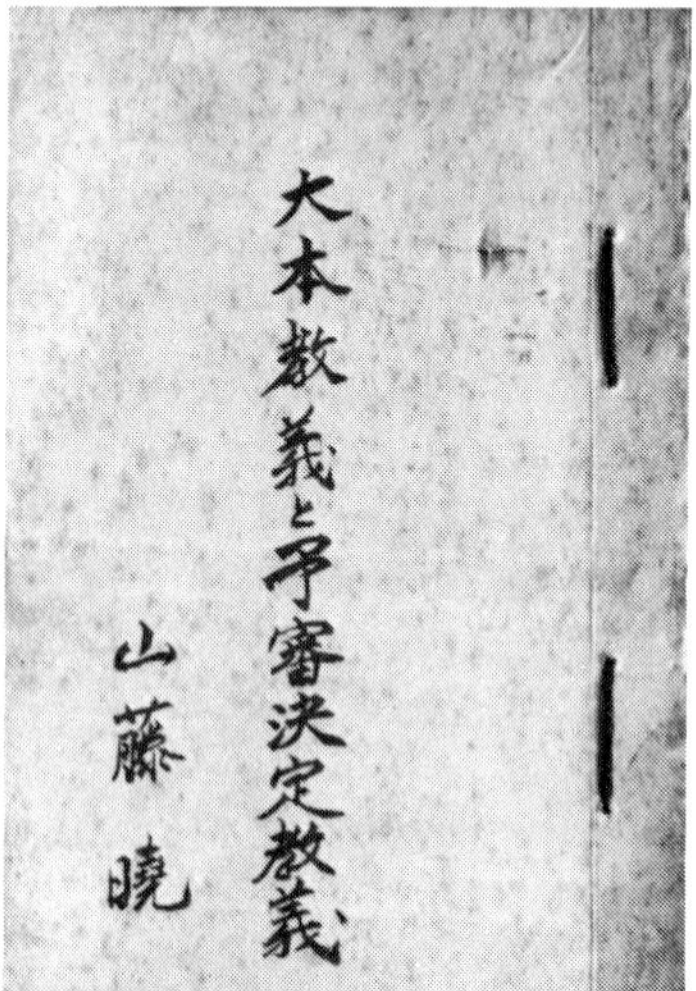

大本教義と予審終結決定教義

出口王仁三郎玉言集

新月の光《かけ》

上巻

木庭次守編

出口王仁三郎聖師に捧げまつる

王仁だましいの言行録

出口王仁三郎聖師の満七十六歳六カ月におよぶその生涯は、まさに波乱万丈であり、その求道の生きざまには、先駆的な宗教者としての面目ばかりでなく、偉大な思想家、すぐれた組織者、卓越の芸術家としての多彩な光華がそえられていた。それらが霊体一致で発現されているところに、凡人でははかりがたい深みと重みがある。

このたび聖師の側近として多年奉仕され、第二次大本事件のおりの生き証人のひとりでもある編者が、出口聖師の、〝玉言集〟を公刊されるという。明治三十一年から昭和二十三年にわたる、出口聖師の言行録には、王仁だましいのありようがほうふつとする。とりわけ大本事件にかんする聖師の対応には、知られざる側面がただよって、きわめて貴重である。

いま改めて立替え立直しの先覚者出口聖師の思想と行動がクローズアップされつつあるが、本書は時宜にかなった〝玉言集〟といえよう。出口聖師を偲び、出口聖師に学ぶ人びとにとっての〝玉言集〟でもあり、出口聖師探究の〝玉言集〟でもある。

本書公刊のいわれに想いをはせて、請われるままに、〝ついで〟（序）とする。そのおりおりの〝ことば〟に、聖師の〝ことだま〟が躍動する。

一九八八年九月吉日

同天居にて

上田　正昭

（小幡神社宮司・京大教授・文学博士）

――追補　現京大名誉教授

凡例

一、本書は、木庭次守編『新月のかけ　出口王仁三郎玉言集』を編纂したものである。

二、日本タニハ文化研究所から一九八八年十二月八日（旧十月三十日）に刊行された『新月のかけ　出口王仁三郎玉言集』を底本とした。

三、編纂にあたって、上下巻の分冊にした。

四、底本においては、一貫して年度毎の見出しで構成されていたが、全体を通観しやすくするために、適宜一定期間の年度をまとめてひとつの章とした。

五、細部の編集は、次のような基本方針のもとに行った。

・使用漢字は、原則として新字体とした。
・仮名遣いは、原則として現代仮名遣いとした。
・底本に振り仮名のない部分も、適宜振り仮名を施した。振り仮名は、原則として現代仮名遣いとした。
・引用文は、原則として原文のままとしたが、旧漢字は新字体に直した。
・漢字語のうち、代名詞・副詞・接続詞などは適宜平仮名におきかえた。

・明らかな誤植はこれを訂した。
・第二次大本事件の上申書中の『神霊界』等の引用箇所に関しては、『神霊界』の原文と異なるところがあるが、直接第二次大本事件に係わり、さらに上申書の原文を所持する編者（木庭次守）の判断を尊重し、手を加えていない。

新月の光《かけ》　上巻　目次

昭和十六年　辛巳（かのとみ）　西暦一九四一年……253

昭和十七年　壬午（みづのえうま）　西暦一九四二年……298

——以上　上巻——

新月の光《かけ》　下巻　目次

第四章　昭和十八年

第五章　昭和十九年

昭和十九年　甲申（きのえさる）

両聖地の海抜
天下の奇蹟
立替は王仁一人でやる
雨と世帯はじめ
神名の表現
都市は十万になる
日本とドイツ
立替は談笑裡に
トマトと肉
祝詞奏上
大本のこと
はとむぎは立直しの型
聖師とはとむぎ
はとむぎと御染筆
月をおしこんで闇
南瓜の作り方
はとむぎと神苑
赤ん坊に習う
天照大神時代の米
小磯米内内閣
兎は月の眷族
入日が真っ赤だから雨は降らぬ
切れない木

秋風と七草
日本は木
二段目と三段目（瑞の神歌）
玉国別・神国別は日本（霊界物語）
十四万四千人
霊界物語の玉騒ぎ
木火土金水
松鷹彦の物語の実現
決戦はサイパン、九州は空襲だ
買溜めと闇と天気
太っ腹
大臣と議員
大本検挙
ネーブル
皆にあげてくれ
サイパンから引き揚げ
お筆先の実現
男と女
鳳凰と麒麟
出口清吉さん
天照大神時代の米と今の米
天明開展
聖地だけ雨が降らぬ理由

吾妻の国へはるばると
鯨尺
九州と紀州
勝浦
今度の大三災
日本の立替あらかた済む
国祖と大国主命
王仁の病気
立替と地球
真の教
袖手傍観出来ぬ
生命
大審院の裁判
あまりきついから
救われる者
日本が世界で一番高くなる
王仁が一人で立替する
濠洲の住人
食糧問題
大本が世界にうつる
大本の教は少しも違いはない
黙示
九州は空襲

天津金木
古語拾遺
それは逃げる
負ける用意
寝るのが一番よい（健康法）
麦
ハルマゲドンの戦（聖書の予言）
アーメニヤ騒動
ドンキホーテ
宇宙の真相
天照皇大神と天照大神
太田の神
裁判が済んだら
出口さん御苦労さんです
琉球で一軒
治維法違反は無罪
太陽と月と地球（神示の宇宙）
綾部と亀岡
地球も太陽も人も呼吸している
一億一心
後で論功行賞
つかれぬ理由
至誠通神

生神と活神（大本神諭）
挨拶
拇印を振れ
玉国別と小猿と大猿
悪魔と悪魔の戦争
広島は最後にひどい目
聖師二代様の大本農園における訓示
日高岩（十年以内には世界的又々大戦争）
労働歌
王仁の祈り
綾部は都
色紙と十二月八日と東京
神（人生の力杖）
大本神の御神体
素盞嗚尊と叢雲の剱
大地震を叱咤
二人の真の知己
天のさか手
御神体と救い
岩田丈
知人姓名歌は歌集『神国の花』
立直しのはじめ
大本信者と戦争成金

絶対の中立
一鳥不啼山更幽
経綸は艮金神一柱御存じ
神（万世にうごかぬ）
救世の神慮
聖師の命で物語拝読
埋立地は元の通りに
これから大変な罰が
神様の顔色
月宮殿の仁王さん
穴太寺の仁王さん
第二次大本事件の公判と霊魂の作用
上下動
東京で仕組を駿河美濃尾張（日本沈没）
霊界物語の御神徳
二分
王仁一人
高熊山で王仁が見た通りになる
空襲の時
地震
大本の大橋越えて
天に聞く耳
弁護士

第六章　昭和二十年

第七章　昭和二十一～二十三年

昭和二十一年　丙戌（ひのえいぬ）
西暦一九四六年

――以上　下巻――

出口王仁三郎聖師　知人姓名歌

記念　そのかみの親しき友を思ひ出し記念のために姓名歌をよむ　王仁

道王《ひろ》く仁《ちか》くあれともたゝひとはその出口さへさとらさりけり　月
よのはてをすくひに出口の法の王は至仁至愛の道を説くなり　王仁

出口　すみ　大出口神のおしへはさやさやにすみきらひつゝよをあらうなり　王仁

出口　直日　大出口神のみのりはおしなへて朝野をすくふちからなりけり　王仁
出口　元男　いにしへの神の出口のみおしへの元男をさとして世を開くなり　王仁
直美　あやまちを宣りなほし又きゝなほし直美なほしたまふ元津生き神　王仁
麻子　千早振神の手ふりのそのまゝにおほ麻うちふりみまへを清むる　王仁
聖子　よのつみを聖めたまへとあさゆうに神のみまへに祈りこそすれ　王仁
梓　大前にちかふまことはあつさゆみひきてかへらじ矢竹こゝろに　王仁

出口　梅野　大出口神のおしへは梅の花の一度にひらく如くなりけり　王仁

　　　操　とこまても神に操を立てとほしみろくの御代の鏡とそなれ　王仁

出口八重野　かんなから出口の神のおんおしへとはに栄えん八重野しらうめ　王仁

出口伊佐男　千早ふる神を出口《いつき》て世のために伊佐男をたてよちからかきりに　王仁

　　和明　よを和こめ神人和こめやみのよを明きにひらかすもとつ大神　王仁

　　雄美　大神の雄美てこの世に出てましぬおしへみおやの真心たよりに　王仁

出口　尚江　大出口おしへみをやはからたまのくつろきたまふ尚江なかりき　王仁

出口三千麿　世をすくふ神のをしへの三千麿くくにに仕へよ日月とともに　王仁

出口三千麿　三千歳の神の御のりの磨けれはとはに出口てみくにゝつくせよ　王仁

　　三千恵　かむなからまことの三千恵進み行けなれは神の子神の宮なり　王仁

　　尚雄《なおかつ》　暗の世の神にそねまれおしこまれ尚雄つ御霊はうしとらのかみ　王仁

　　文営《ふみさと》　すめ神のまことのみちを文営り御代のちからとなりて栄えよ　王仁

出口　言暉　天地の神を出口て言たまのあま暉るくにの臣とさかへよ　王仁

　　元子　よの元の神のおしへにしたかひていさほをたてよ萬代までも　王仁

出口住ノ江　惟神出口御祖のみおしへによは住ノ江のにこりたもなし　王仁

出口　新衛　大出口かみの御教をかしこみて新たなる代の衛りとこそなれ　王仁

　　義江　神もよし国もまたよし人もよし義江々々とむかふあらた世　王仁

都留江　いやさかの御神の都留江身をまかせ夢にもいつのめくみわすれそ　王仁

まさ子　たらちねの親にもまさる名をあけよ元津みかみの道をあゆみて　王仁

（聖師は大正時代より姓名読込歌をよく詠まれた。昭和十七年八月七日未決出所後も「知人姓名読込歌」を岩田丈の「岩田帯いくたひしめし身ながらもその名をわかく丈とよぶなり　王仁」から昭和二十一年夏までに、七千五百首よまれ執筆された。これが姓名読込歌としての絶筆となった。出口王仁三郎聖師著、第十四歌集『神国の花』である）

第一章

明治三十一年〜大正十年

明治三十一年　戊戌（つちのえいぬ）　西暦一八九八年

○高御座山（上古は高御座山《たかみくらやま》のちに高座《たかくら》、ついで高倉と書し、転訛《てんか》して高熊山《たかくまやま》となる）

歌集『霧の海』（明治三十一年旧五月）

聖師は高熊山の二度目の修行に、国祖国常立《くにとこたち》の神、稚姫君命《わかひめぎみのみこと》にみちびかれて、最高最奥の天国の黄金山《おうごんざん》に昇り、地上神国樹立の神策（経綸）を拝受さる。

百花園

岩上に立ちしわが身は何時《いつ》の間にか百花《もゝばな》匂ふ花園にたてり
剣刃《つるぎば》のごとき幾多の岩ヶ根はけむりのごとく消えてあとなし
そよそよと面吹く風の柔かさその楽しさはたとふ術《すべ》なし
目路《めぢ》はるか向ふの方より紫の雲押し分けて神輿《こし》すすみ来る
ことほぎの声は天地をどよもして神輿《みこし》もろとも吾に近づく
黄金のひかり四辺《あたり》をてらしつつ近よる神輿の崇厳なるも

花匂ふ野辺に端坐し合掌し思はず知らず神輿ををろがむ
幾百の旗指物《はたさしもの》をかざしつつ流るるごとくすすみ来る神輿
黄金の神輿は吾がたつ目の前にいとも静かにおろされにけり

神人の影

黄金の神輿の扉押しあけておもてまばゆき神人出でたまふ
恐るおそる神人の面《おも》仰ぎ見れば国常立《くにとこたち》の神におはせり
神人は言葉静かに宣らすやうわれとともども天国《みくに》に来たれと
有難し勿体なしとひれ伏せば軽くわが背を撫でたまひけり
大神の御手の吾背にふるるや否や天地ひらけし心地なしたり
感激の涙腮辺《しへん》をつたひつつただ俯向《うつむ》きて泣くばかりなる
神人のことほぎの声きこえつつ又もや朱塗《しゆぬり》の神輿馳せ来る
わが前に朱塗の神輿をおろされて万歳の声天地をゆるがす
天国の夢ならむかとわれとわが頬つめれども痛さを覚えず
夢でなくうつつでもなしわれこそは国常立の神よと宣らす
くれなゐの神輿の扉押し開《あ》けてほほゑみながら出でます女神
姫神はさきに来ませる大神に黙礼しつつわれ見つめます

姫神は言葉しづかに宣らすやう稚姫君命《わかひめぎみのみこと》はわれよと
葦原の中津御国をすくふべく天国のさま汝《なれ》に見せたし
有難しもつたいなしと掌《て》を合す折しもまたもや万歳の声
万歳の声にあなたをみはるかせば銀色なせる神輿馳せ来る
銀色の神輿はしづしづ吾が前に来たりて輝きとどまりにけり
二はしら男神女神は左右よりわれを抱きて神輿に入れます
風なきに自然に神輿三台は浮けるが如く動き出したり

神輿昇空

いぶかしきことよと思ふ間もあらず三台の神輿地を離れたり
数知れぬ旗指物に守られて三つの神輿は動きそめたり
弥永久《ヤートコセー》世弥長《ヨイヤナー》と祝言《ほぎごと》を宣《の》るこゑ宇宙にひびきわたれり
五つ色の雲の階段《きざはし》つぎつぎにすすむもたのし最奥天国
三台の神輿はやうやく黄金山の十字の宮にかき入れられぬ
幾万の祝言の声一斉に高鳴りにけり黄金の山
黄金山は最奥の天国神苑《かみぞの》と二はしら神《がみ》われに告げたまふ

長生殿

十字形の珍《うづ》の宮居《みやゐ》は鶴山の長生殿よと神は宣らせり
一つ一つわれいぶかりつ喜びつ襟をただして宣言《のりごと》を聞く
この宮をやがて地上にうつすべし汝《なれ》に授くといかめしき御声《みこえ》
豊葦原全地の上に神の国築くべきとき来りしと宣り給ふ
汝こそは瑞《みづ》の御霊《みたま》の神柱地上の光よ花よと宣らせり
長生殿にかざせる真澄《ますみ》の神鏡《みかゞみ》に写る姿にわれおどろきぬ
何時《いつ》の間にかわれは女体となりて居り頭に輝く宝珠《ほつしゆ》の光
音楽のこゑ嚠喨《りうりやう》とひびかせつ神人たちて御庭《みには》にをどらす
二はしら神はしづしづ長生殿の御扉深くかくれたまへり
われひとり女神となりて佇めば数多《あまた》の神人四方《よも》をとりまく
神人の踊るすがたの面白さわれなかに立ち歌うたひけり

ときじくの祈り

天地《あめつち》にとどろき渡るわが声に思はず知らずまなこさめたり
眼ざむれは高熊山の岩ヶ根にうつとりとして端坐なしをり
東《ひんがし》の空あかあかと紫の雲たなびきて朝風すずし

天津空封じてたてる常磐木《ときはぎ》のこずゑにうたふ百鳥《もゝとり》の声
峰を吹く朝《あした》の風の清《すが》しさにわれ地の上とも思はざりけり
東《ひんがし》の山の端明《はあか》して昇ります朝陽のかげはあかかりにけり
朝露の玉を照してかがやける天津陽光《ひかげ》をうるはしみ見つ
常磐木の松の木の間をすかし見れば朝陽に映《は》ゆる堂建《だうたて》の山
四十八宝座のまへに掌《て》をあはせ感謝の祝詞《のりと》奏上なしけり
メッセージあまり多きをかしこみてときじく祈る感謝のことば
天国のありさま具《つぶ》さに示されてわが魂は勇み立ちたり
吾頭上に落ち来る如き岩ヶ根を見つつ安けき心いぶかし
堂建の山にかがやく朝日影を見つつ楽しも宝座の上に
大岩の頭上に落ち来る危さも恐れぬまでに魂《たま》は鎮めり

○大本教旨

学者が「神は天地の主宰者にして、人は万物の霊長なり」と言っていたので、王仁は進んで、「神は万物普遍の霊にして人は天地経綸の主宰者なり。神人合一してここに無限の権力を発揮す」と言ったのである。

（明治三十一年如月九日）

明治末年

○みろくの世態

人の住宅は高原地帯になる。大阪でいえば生駒山《いこまやま》あたりで、平地は皆田地にして、交通機関を十分発達させ、仕事しに平地に降りて来るようにするのである。

大都市が十万で、百貨店みたいになって山陰地方に一つ、山陽地方に一つというぐらいにして、その地方の人たちは、皆必要なるものはそこに注文すると、そこで製作して各地へ送るようにする。

家屋は位（職業）に応じて定めるので、壁の塗り方でいえば荒壁、中塗、上塗、艶出《つやだ》しというふうにするのである。そのおきてを破った人々は罰として耳飾りをつけるのである。みろくの世は刑務所はないのである。

（明治末期　湯浅仁斎氏拝聴）

○みろくの政治

みろくの世になると天皇が次には総理大臣に生まれられる。また次には総理大臣が天皇に生まれて来て政治をするのであるから、天皇は総理大臣のことが判るし、また総理大臣は天皇の御気持ちが判るのでよい政治が出来るようになる。

（明治末期　湯浅仁斎氏拝聴）

○神教宣伝の大精神

お前たちは信者をつくるとか、教をひろめるとか言っているが、それが間違っているのだ。世界の人民はもともと神様の氏子であって、忘れている人に知らせにいくのであるから、信者をつくるなど言わないように。

（明治末期　湯浅仁斎氏拝聴）

○無茶な宣伝

お前たちは無茶なことばかり宣伝しているが、天が地となり、地が天となるといっても、またどんな大きなことを言っても、神様の徳は言い現わせるものではないから、安心して宣伝するように。

（明治末期　湯浅仁斎氏拝聴）

○屋敷を汽車が通る

二代教主は「先生（聖師）がここの屋敷を汽車が通ると申されていたが、しばらくすると、大本の屋敷を汽車が通るようになった」と語られた。

（参照）明治三十九年十月一日、綾部《あやべ》―京都間国鉄開通

明治四十五年・大正元年　壬子（みづのえね）　西暦一九一二年

○聖師は弓の名人

大正の初頭元年から二年へかけて聖師は盛んに弓を引かれたものである。大本神苑内二箇所に射場を設けて毎日のように弓を引かれたものである。

聖師は斯道《しどう》にかけても名人の域に達しておられた。八分から九分という素晴らしい強弓を使用して百発百中であった。この点においては斯道の大家も実見して舌を捲いたものである。

しかし、聖師はなぜか知らぬが、大正三年初めになるとピタリとやめてしまわれた。

聖師の端睨《たんげい》すべからざる行動進退は、とても凡俗の窮知し得るところではない。それであれほど熱心であった弓術もなぜやめられたのか、また何のためにはじめられたのかもわからない。

しかし当時、聖師の弓に熱心なのが娯楽的に見えるというので、ある人がその意義を尋ねたことがあった。その時聖師は説明されて曰く。

「アッハ、、、王仁《わし》ゃ遊んでいるように思っておるのじゃろうなあ、王仁が弓をひいておるのは、世界が戦争をする型をさされておるのじゃよ。神さまが王仁を使うておられるのじゃから、今に戦争じゃ」

と。はたして聖師が弓を止められるとともに、かの欧州大戦は勃発したものである。

明治四十五年元旦に亀岡《かめおか》の友人を訪問されると、友人が「これは鎮西八郎為朝の弓だ」と聖師に見せると、「王仁は為朝だ」と言って立ちあがり、強弓をやすやすと引いて金的に命中させた。自画自讃に曰く。

我こそは鎮西八郎為朝よ浪の大島弓矢で守らむ　王仁

昭和八年になると聖師は、亀岡天恩郷《てんおんきょう》の中の島に弓場梓亭をつくり、しきりに出かけては弓を引かれた。果たせるかな、盧溝橋の日支事変を契機として、大東亜戦、太平洋戦争、第二次世界大戦へと拡張していった。（『霊界物語』第三十九巻　校定版　口絵写真参照）

○伊勢神宮外宮、内宮、香良洲神社へ開祖と聖師参拝

国祖国常立尊《くにとこたちのみこと》の神示によりて、明治四十五年旧三月八日（新四月二十四日）出発。旧三月九日に大本開祖と聖師は伊勢外宮ならびに内宮に参拝。聖師は二見ヶ浦にも行かれ、その夜は香良洲《からす》村に宿泊された。旧三月十日香良洲神社（祭神稚姫君尊《わかひめぎみのみこと》）に参拝されて神衣を供えられた。開祖の筆先に「で九ちなを七十七さい、めぢし十五ねんのきうさんがつのよをかたちでをいせのざいじん九どのいさんばいをいたしたのわ、むかしからなきたいもの、五よをでありたぞよ。をなじみたまの、で九ぢなをとひそて、九にとこたちのみことが、おからすの

をみやい、をむかいのめしもののこころざし、けこぞよ」と啓示された。

○聖師日記（明治四十五年）（伊勢参宮）

四月二十四日（水）雨　旧三月八日
午前九時発列車ニテ教長始メ壱百十五名伊勢参宮の途ニ就ク。山田市高千穂館ニ一泊ス
四月二十五日（木）晴
外宮参拝之上電車ニテ宇治町ニ向ヒ内宮へ参拝シ山田高千穂館ニ帰着セシハ正午十二時。王仁以下数十名三見へ遊覧ノ上午后二時帰山シ、午后三時半山田発ニテ高茶屋駅ニ下車シ人車ヲ列ネテ香良洲ニ向フ。一志郡矢野村香良洲松坂屋旅館ニ投ズ
四月二十六日（金）晴
午前六時香良洲神社参拝直ちに帰途に就ク高茶屋九時三分発亀山拓殖等乗換へ又草津のりかへ京都駅五時五十八分発車九時帰綾ス
（編者註＝教長は開祖）

○鏡と神

人の鏡になって我《が》をとって、それから神になる。
（大正元年　梅田やす子氏拝聴）

大正三年　甲寅（きのえとら）　西暦一九一四年

○桜島の神霊を高倉山へ奉迎

聖師は桜島の大噴火を予知して、桜島の神霊を大正三年一月七日に高熊山に奉迎される。十二日、桜島大爆発。七月二十八日、第一次世界大戦勃発。聖師は火山の爆発は、神の啓示であると示されている。『霊界物語』第一巻「発端」に「かの欧洲大戦乱のごときは、厳《いづ》の御魂《みたま》の神業発動の一端にして、三千世界の一大警告であったと思ふ」と示されている。

○皇運御発展の祥兆

吾人は大正三年一月の桜島爆発を前知し、同年一月七日数十人の京阪間の会員を伴ひ、桜島の神霊を丹州穴太《あなお》の山奥なる高倉山に奉迎し、且つ神勅に依り今回の爆発は万世一系、天壌《てんじよう》無窮《むきゆう》の皇運の発展すべき前兆なりと予告した事がある。其後時運の進展は日に月に接迫し来つて、天地諸神霊の御活動は益激甚を加へつつあるので在る一旦は日東国の天地にも暗雲塞蔽し、桜島噴火爆発に百千万倍の大変事が起つて来る。是ぞ神諭の実現で在つて、世界の大峠である。

この大峠を越え得る者は至粋至純の日本魂の活動である。此の古今未曾有《みぞう》の時機に際して、国民は如何《いか》なる覚悟を有つて居るので在ろう乎。上下国民揃ひて此大峠を前に扣《ひか》え乍《なが》ら、安閑茫然、千古の経綸を立て、以て皇祖皇宗の御遺訓に奉答すべき人士の尠《すくな》きを慨歎せずには居られ無いのである。

『伊都能売神諭《いづのめしんゆ》』大正八年一月五日旧七年十二月四日

世の立替に就ては昔の元の生神の神力《ちから》つくしの世の限《き》りしまい、火の手上りて天地は一度に震《ゆ》り動くぞよ。一度に開く梅の莟《つぼ》みも桜しま。何時《いつ》破裂いたすやら人民には判るまいが、モウ時節が迫りて来たから、チットの油断も出来ぬぞよ。

（参照）大正三年一月十二日、桜島大噴火。七月二十八日、墺対セルビア宣戦布告（第一次世界大戦勃発）。八月十五日、パナマ運河開通。十二月十八日、東京駅開業式。この年、大正琴流行。

○金竜海の注ぎ水

大正三年八月、暑い真盛りに起工して、大本の神苑内に三千余坪の池を掘りはじめられた。今の金竜海《きんりゆうかい》というのがそれである。当時そのあたりは畑つづきで、どこを見ても一滴の水も出そうもない。掘ったところで三、四尺下は綾部特有の一枚岩根でとても水の出るまで掘りきれはしない。それでも掘れという命令だ。水は一体どうするのだろうかと永いあいだ、工事に従事している者の問題の種だった。町の人々はとやかくと批判していた。それで、ときおり信者たちが出口聖師に伺うと、聖師は「池は掘ってしもうたら水はたまるのじゃ。掘るまではたまらぬよ！　それまで黙って掘っておればよいのじゃ」

と平然たるものである。

池はあしかけ三年を要して竣工《しゅんこう》した。池がだんだん出来るにしたがって、またまた配水はどうなるのだろうと絶えず噂の種となった。けれども聖師は依然としてスマしておられる。役員ははじめから不安と焦慮とを重ねていた。

すると竣工前半期ほどまえになってから綾部の町には、大本とは何の関係なく、須知山峠より水を引き、町の下水工事が開始された。そして誰言うとなく下水工事には貯水池として大きな池がいるそうじゃ、町ではよりより協議をしているとの噂がチラホラ聞こえ出した。そこである人がこのことを聖師に申し上げると、聖師は

「それはそうや！　それは神さまがさしとらはるのや」

と笑っておられる。

そして、お池が完全に出来あがるという三日ほど前になって、突然町の方から、

「大本様では何の御用か存じませぬが、疾《と》うからお池を掘っておられますそうですが、こんど町では下水工事をはじめましたところ、排水池が要りますので、お差し支えなくば、神様の

お池を通さして頂くわけには願われますまいか、そうでないと町では別に新しい池を掘らねばならぬことになり、はなはだ困りますからなにとぞよろしく願います」

と頼み込んできた。

聖師は
「それでは町の人に気の毒であるから人助けのためだ。よろしい」

と早速に承引された。

かくして水は一夜の中に満々と注がれ、三年越しの疑問の種であった金竜海の水の問題は解決された。

『出口王仁三郎全集』附録第四号（昭和九年十月）

金竜海には世界の縮図として世界の五大洲の模形の島が築造されていたが、大本第二次事件の際に埋められたのを、再び聖師の指図によって築造された。ここは陸の竜宮館の大本としては竜神のおすまい場所である。池と称していたが、開祖の筆先に「きんりうかい」と出たので金竜海となった。

○国祖大神と第一次世界大戦

大本教主（出口王仁三郎）は、「国祖大神《こくそおおかみ》は大正三年七月十八日より綾部の大本の神殿を、出立して七日間にて御帰殿された」と示された。三日後七月二十八日第一次世界大戦おこれり。

（参照）『敷島《しきしま》新報』第四十二号　大正五年十二月二十一日「神示と世界大革命」福中鐵三郎述

［四］

大正四年　乙卯（きのとう）　西暦一九一五年

○白馬の姿

大正四年十一月十日のことでありました。湯浅小久様が早朝開祖様のところへまいりますと、未明の神苑に白馬一頭の姿がありありと見えました。開祖はいつも雨戸は一枚だけあけられて、ほかはしめられているのに、全部あけはなたれてありました。

開祖様にご挨拶をすましてから、白馬の姿のことを申し上げますと、「そうでしたか、実は天皇様の御即位について、日本方の神様は○○で、外国方の神様は○○で、神様たちの御意見がまとまりませんので、大本の神様が御仲裁にお出かけになりまして、仲直りが出来ましたので、ただいまお帰りになったところです。白馬は神様が乗ってお帰りになったものです」とお話になりました。

（天皇、京都御所紫宸殿《ししんでん》で即位礼を挙行。大正四年十一月十日）

大正五年　丙辰（ひのえたつ）　西暦一九一六年

○神武天皇（神日本磐余彦天皇）

聖師は大正五年四月四日、国祖国常立尊《くにとこたちのみこと》の神勅を奉じ綾部出発、四月五日旧三月三日、橿原神宮《かしはらじんぐう》に参拝さる。神武天皇の神霊は神殿より出御されて、聖師に親しく神秘を語り玉う。畝傍山《うねびやま》にのぼり「大神の御言はうまく鳴り渡るときは来にけり鳴り渡る時」と詠じ、畝傍の社に参拝して聖地綾部へ帰還さる。聖師は「今度は国祖の資格で参拝した」と示さる。

聖師の言霊上の予言のままに、大正天皇大正五年四月三日、畝傍山に登り、橿原の宮に行幸したまう。

（参照）『敷島新報』第二十九号　大正五年五月一日号「畝傍山（一）（二）」

○神島開きの意義

（大正五年五月二十五日新六月二十五日、幡州の神島《かみじま》開きの時に）

問　神島のような小さい島を開いて何になるのですか。

答　神島は世界のことで、ここは型である。

（谷前玉子氏拝聴）

○神島開き（開祖、大正五年旧九月九日、神筆を揮《ふる》わる）

四月十三日旧三月十一日、聖師の左眼下の頬痛みだし、遂に神島形の舎利現れ出づ（神島開きの後に判明した）。六月二十五日旧五月二十五日、聖師によって播州の高砂沖の神島開き、坤《ひつじさる》の金神豊雲野尊《こんじんとよくもぬのみこと》の神霊を綾部の聖地へ奉迎さる。十月四日旧九月八日、綾部を出発、大本開祖、二代教主、十月五日旧九月九日、神島において坤の大神の祭典奉仕。開祖は帰神により、大正五年旧九月九日、神筆を揮わる。ここに厳瑞《いづみづ》二柱の大和合となり、大本の大神業が発光することになる。

大正三年、聖師の指揮で綾部神苑内の金竜海に築造された大八洲《おおやしま》と、大正五年四月十三日、聖師の左眼下より出た舎利と高砂沖の神島とがまったく同じ形であることは、大本の雛形と縮図の実例である。

（参照）『霊界物語』第二十二巻。第三十八巻第二十八章「金明水《きんめいすゐ》」

二代教主すみ子様は、「先生（聖師）は左眼下より出た石を眺めながら眼を閉じたり、開けたりしておられたが、突然『わかった』と叫ばれると姿が見えなくなった。しばらくすると神島開きをすまして無事綾部にお帰りになりました」と語られた。聖師は「これは舎利というものので、徳の高い人から出るものである」と教えられた。この舎利は聖師によって亀岡の天恩郷の月照山《げつしょうざん》の五六七《みろく》塔の下に埋められた。
神嶋や波高砂の一ッ松　王仁。言霊動天地（凹版）。天爵道人（凸版）。

○神政復古の本義

大正五年四月十一日、『このみち』第一号に「神政復古に就て天下に檄す」と題して「神政復古の本義」を発表された。

昭和九年七月二十二日、昭和神聖会が東京九段の軍人会館において発会式をあげられた時に、同会より、皇道パンフレット第一輯「祭政一致の大道」と改題して発表された。内容としては「王政復古」を「皇政復古」に、「大正の大御代」を「昭和の大御代」に、「明治、大正二大大御代の御神約」を「明治、大正、昭和の三大大御代の御神約」と訂正されている。

○皇道大本

大本教の改称に就て、出口王仁三郎識

皇道大本教は元来皇国固有の大道でありまして今日我国に流布されつゝある神道宗教とは全然主義が違つて居るのであります、抑々《そもそも》皇道大本教と称へます理由は大日本神典古事記の序文に太朝臣安万侶《おおのあそみやすまろ》氏が

「故レ太素ノ杳冥《ようめい》なる本教ニ因テ而土《くに》ヲ産ミ嶋ヲ産玉ヒシ之時ヲ識ル」

の語より引出しまして亦たそれに加ふるに明治天皇陛下の降されました「大教宣布之詔」の大の字一字を借用しまして茲《ここ》に大本教と命名し天下に皇道の布教を致して来たのであります。然るに世人稍《やや》もすれば大本教の教の字に惑はされて所謂《いわゆる》大本教は一の神道宗教の様に誤解しまして遂には大本教は大正の天理教なぞ申す人が所々に出来て参りました、然るに皇道と神道とは非常に相違がありまして今日の神道なるものは極めて範囲の狭まいもので仏耶の宗教と同一になつて居ります、本教は全然皇道宣布を目的として生れたものでありまして皇道の中には政治も教育も実業も宗教も一切抱含して居るのであります。故に本教の一部には矢張《やは》り宗教的行為も憲法の保障に拠りて採つて居るのでありますから一般の人々からは一の教派又は神道と誤解さるるのも無理ではありませぬ。併《しか》し名は実の主でありますから今回天下の誤解を免れん為に「皇道大本」と改称したのであります。

（『このみち』第二号　大正五年四月二十一日）

大正六年　丁巳（ひのとみ）　西暦一九一七年

○六六六

大正六年新六月六日に、聖師の出生の因縁と使命について、聖師御自身の帰神によって啓示された。

「神諭」大正六年新六月六日（瑞《みづ》の御魂《みたま》）

七月十二日は〇〇の生れた結構な日柄であるぞよ。斯の日柄に初めた事は、何事でも善き事なれば、一つも滞り無く成就いたすぞよ。明治四年七月十二日に、貪しき家に産声を上げたものは〇〇であるぞよ。外にも沢山《たつぴつ》に斯日に生れた身魂はあれども、今度の世の立直しに成る身魂は、世界に一人より無いぞよ。色々と艱難《かんなん》苦労を致さしたのも、神の経綸でありたぞよ。二十八歳の二月の九日から、神界の御用に使ふたぞよ。（以下略）

（註）聖師の高熊山入山の日は二十八歳、明治三十一年旧二月九日新三月一日。明治四年旧七月十二日新八月二十七日生

○皇道大本の根本大目的

聖師は昭和神聖会から、『神霊界』大正六年三月号に「大正維新に就て」の題名で「皇道大本の根本大目的は、世界大家族制度の実施実行である」と明示された論文と、『神霊界』大正七年十月一日号「世界の経綸（一）」、十月十五日号「世界の経綸（二）」、十一月一日号「世界の経綸（三）」を校閲をして、昭和九年十月二十日に、出口王仁三郎著『皇道維新と経綸』の題名で発表された。

「大正維新」を「皇道維新」と改め、「大正の聖代」を「昭和の聖代」と改め、「大正維新」を「昭和維新」と改めて発表された。「皇道大本の根本大目的」を「皇道の根本大目的」として発表された。

大正七年　戊午（つちのえうま）　西暦一九一八年

○魂反しの神法

私（井上留五郎）がはじめて綾部に参拝しましたのは、大正七年の八月のお盆のすんだ十六日の朝でした。そして聖師様にはじめてお目にかかったのです。その時に約二週間ばかり綾部にいたのです。で、いよいよ帰るようになりましてから、聖師様が、

「あんたはお医者だから必要があるから死人を助ける魂反《たまがえ》しを教えてあげるわ」とおっしゃりまして、法を教えて頂きました。

「鎮魂のお歌を王仁が浅野さんに言うておくから、浅野さんに書いてもらってくれ」といわれるので浅野さんに書いて頂きました。聖師は、

「死人はなるべく早いほうがよろしい。十分でも五分でも早いほうがよろしいから早くやれ。そうして息をころして死んだ状態でおるのだから形式や何かは早いほうがよいから、とらわれないでまず真っ先に鎮魂歌を唱える。

四拍手（神様に心の中で祈願してやめてもよし）

アチメ　オオオ　ミタマカリ　イニマシシカミハ　イマゾキマセル　タマハコモチテ　サリタルミタマ　タマカヤシスヤナ

右奉唱二回

次で天の数歌を十回奉唱す、但し「フルベユラ」を「百千万」の代りに称えるを普通とす。

一二三四五六七八九十フルベユラフルベユラ、一二三四五四六七八九十フルベユラフルベユラ、一二三四五六七八九十フルベユラフルベユラ、……（十回目は）フルベユラフルベユラユラ（四拍手）

それ以上に略することは出来ませぬ。呼吸つぐために十に息を入れることもある。ある場合によっては百千万を使うこともあるがそれは破格である。どうしても反応がない時は、今の全部を繰り返し奉唱する。姿勢は合掌でも膝の上でもよし、鎮魂の姿勢でもよし」

聖師「あんたはお医者さんだから人にわからんように鎮魂する方法を教えてやる。洋服ならばポケットの中に入れるもよし、袴ならばその下に入れてもよし、おかげを頂かしてやらねばならぬと思った時はわからぬようにして鎮魂する」「話かけられて困る時は想念で手を組んでやる」

（大正七年八月　井上留五郎氏拝聴）

（参照）『霊界物語』第七十五巻「天祥《てんしょう》地瑞《ちずい》」寅の巻・第十一章「魂反し」

○毒と薬（医師の心得）

分量によって多ければ毒となり、適量あたえれば効くものは薬である。効くけれど副作用を伴うものは毒であるから、絶対に使ってはいけない。しかし毒も皆ならべておかないと、患者が頼りなく思うから並べて置いたほうがよい。

（大正七年末）

○世界の宝塚

大本開祖出口直子刀自が大正七年十一月六日旧十月三日に御昇天されて、綾部の一の瀬天王《てんのう》平《だいら》に、奥都城《おくつき》を築造することになりました。聖師は「世界の宝塚になるところだから、宝塚（兵庫県）の石をもって造るように」と命ぜられたので宝塚の石でつくられました。

そのことに従って、出口王仁三郎聖師の奥都城も宝塚の石で、開祖の奥都城のむかって左に築造された。

大本二代教主出口すみ子刀自の奥都城は、かねて「私は御開祖様と先生（聖師）の子供だから、真中につくって下さい」と語られていたので、お二方の奥都城の中央の真うしろに宝塚の石で築造された。

○開祖は神様

大本開祖が大正七年十一月六日旧十月三日に昇天されたので奥都城を築造することとなり、

新しい墓地の手続きのため、埋葬がおくれることとなりました。佐藤尊勇氏が心配しておたずねしますと、聖師は「開祖は神様だから心配はいらない」と教えられて、何事もなく十一月二十七日、天王平奥都城に埋葬されました。

大正八年　己未（つちのとひつじ）　西暦一九一九年

○本宮山に和知川の水をあげる

大正八年二月二十二日に綾部《あやべ》本宮山《ほんぐうやま》が大本の手に入ると、聖師様は、「本宮山に和知川《わちがわ》の水をあげたい」と申されるので、二代様が「大本でできますか」とたずねられますと「大本でしないならば世間でやる」と語られました。

綾部市長の申し出の際に、二代教主は聖師様の言葉によって許可を即答された。

（参照）本宮山山頂の碑文

ほんぐうやまにわちがわのみづ　くみあげていのちのましみづ　ながしゆくなり　でぐちすみこ

（裏面）綾部市上水道の建設に際し二代教主は市民の切実なる要望を容れ神苑本宮山の頂きに貯水地の設営をゆるさる　糧水神域に集って浄露となり永く市民を育くむ　民豊穣の源たるべし教主の英断と公誼を謝し記念して之を建つ

昭和二十八年五月　初代綾部市長　長岡誠

○伊都能売の神諭

大本では大本開祖が明治二十五年の旧正月五日から獅子吼《ししく》され、二十六年旧四月十五日から揮毫《きごう》された神筆を「おふでさき」と称え、聖師が神示に従って、漢字交りにされた神文を大本の「表の神諭《しんゆ》」（経《たて》の神諭）とあがめます。また聖師が開祖在世中に、明治三十一年二月から大正七年十一月まで、豊雲野尊《とよくもぬのみこと》の帰神によって発表された神筆を「裏の神諭」（緯《よこ》の神諭）と申し上げます。

開祖昇天の後、国常立尊《くにとこたちのみこと》が、聖師に帰神して、全三十六日分にわたり発表された神筆を「伊都能売神諭《いづのめ》」と申します。

「神諭」大正七年十二月二十二日旧十一月の二十日に、「何時《いつ》も三十年で世の立替と致すと申して知らした事が、モウ一分になりて、跡三年残りたなれど、水も漏らさぬ仕組であるから、三年の間は変性女子《へんぜうにょし》の手を借りて立替立直《たてかへたてなを》しの御用を致すから、是からは一日ましに世界から判りて来るから、何程《なにほど》の鼻高《はなだか》でも成程《なるほど》と往生をいたすやうになりて了《しま》ふぞよ。（中略）龍宮館に女子《にょし》の体内を借りて国常立尊《くにとこたちのみこと》が書きおくぞよ」と示されている。

（参照）伊都能売神諭＝『神霊界』大正八年一月一日号乃至五月一日号、七月十五日号、十月一日号、十一月一日号掲載

大正九年　庚申（かのえさる）　西暦一九二〇年

○本宮山の参道

この道は流れにそって造らねばならぬのだ。

（大正九年六月十七日　本宮山に半円形の広い参道をお造りになった時に教えられた）

○とべらの木

とべらの木は扉の木の意味で、昔はこの木でお宮の扉の鍵を造ったのである。（ある人が弟さんの住職している山から一本のとべらの木を持って来たら、聖師はとても喜んで旧みろく殿の前に大正九年九月植えられた。昭和二十一年には聖師は亀岡天恩郷の瑞祥館《ずいしょうかん》入口に一本植えられた）

○人の形の雲の出現

朝早く起きる人でないと見えないが、坤の方に人の形の雲が現われたら世の終末である。風が東北（艮《うしとら》）から吹く時は激しくても物を破壊しない。艮はお父さんだから、憤られるようなものである。南からの風は花が開くのであるが、坤からの風は激しくなってくると、一切を破壊するのである。坤の方は愛の神様で、この神様が立腹されたら大変なことになるのである。火の雨が降るとあるが一間おきに火柱が立つのである。

（大正九年　綾部にて）

○艮の雲

艮の風は激しくても物を破壊しない。お父さんが怒られるようなものである。艮に出た雲は警告の雲である。

（大正九年　綾部にて）

○大正日日新聞を大本の機関新聞に

朝日新聞から鳥居さんと云ふ様な立派な人士が出て来たと云ふやうな意味が含まれて居るのであります。（熊本市本荘町産）

（参照）『神霊界』大正九年十月一日号「日本書紀の一節と大正日日新聞に就て」十九頁

○鳥居赫雄号素川の経歴

鳥居素川《とりいそせん》（一八六七～一九二八）『本荘』（本荘小学校創立百周年記念誌）二四二頁より

慶応三年、本荘に生まれる。名は赫雄、素川と号す、幼時から母の手一つで育てられ、済々黌、独乙協会学校を卒業して日本新聞社に入社、その間ドイツに留学する。日清戦争には従軍記者として特派され、独特の文筆で池辺三山（熊本出身で朝日新聞主筆）に知られ、その推薦によって明治三十年大阪朝日新聞社に入り、主筆に進み、大朝を牛耳る。

大正七年同社を辞して大正日々新聞を創刊したが、事業蹉跌《さてつ》のため、廃刊のやむなきに至った。その後閑地についたが、国事に通暁《つうぎょう》し、大阪毎日によくその見解を寄せていた。無冠の帝王として世人に畏敬された新聞界の権威者素川翁の生誕地は村人から俗に「鳥居さんの内」と呼ばれていた。素川翁が最後に故郷の山河にまみえたのは大正十年六月本荘村など十一カ町村が熊本市内に合併した時で、感慨深く自分の生誕の河岸から白川の水を眺めて行かれたという。昭和三年三月十日没す、享年六十二才（註＝傍点は編者）

出口聖師は鳥居素川の創刊した大正日々新聞を大本の機関新聞とされた。本荘町六四五番地に生まれた木庭《こば》次守《つぎもり》が大本運動に参加したことを深き因縁と痛感するものである。

○日露戦争は日の暮の鐘、世界戦争は暗夜の鐘声

我日本国は、幸にその暗黒な、ひどい影響を受けませぬでしたから、世界戦争（編者註＝第一次）の起りつゝある間に十分の準備をして、世界を道義的に統一する機会を与へられたのでありまして、そして日本国は愈々《いよいよ》改造の時機に向つて居ります。彼の日露戦争は日の暮の鐘、世界戦争は暗夜の鐘声であります、日本国は日の出の守護になるに就て、世界は総て、統一的

機運に向つて居ります。（後略）

（大正九年十月四日　五六七殿講演筆記）

（参照）『神霊界』大正九年十月二十一日号「日本書紀解説　神武天皇東征之段」十六頁

大正十年　辛酉（かのととり）　西暦一九二一年

○忠勝

聖師は第一次大本事件の責付《せきふ》保釈出獄後、大正十年六月十七日からしばらく揮毫には必ず「忠勝」と署名されました。ある日、書きながら「いま誰が来て書いているか判るか……」「菅原道真だ。道真は王仁の分霊だ」と申されました。

（大正十年　井上留五郎氏拝聴）

○天満天神様

菅原道真を祭って天満天神と称しているのは、みろく様と菅原道真をいっしょに祭って天神となるのだ。

（大正十年　桜井重雄氏拝聴）

○昔は主神信仰

昔は天を拝んでいたので、庭の燈籠は天の神へおあかしをお供えしたのである。今は飾りになっているのだ。天拝石《てんぱいせき》は主神を拝んだのだ。

（大正十年　桜井重雄氏拝聴）

○みや（宮）

宮は嫌いだ。本当はみやは御家《みや》だ。

（大正十年　桜井重雄氏拝聴）

（マツリの原型である同殿同床の本義を示されしもの）

○大本は一切の立替

桜井重雄氏が『霊界物語』口述の第一巻第二十四章「神政開基《ヨハ子》と神息統合《キリスト》」を筆録中、文中に、

「要するにヨハネは神界、幽界の修理固成の神業には、月の精なる水を以てせられ、キリストは世界の改造にあたり、火すなはち霊を以て神業に参加したまふのである。故にキリストは、かへつてヨハネの下駄を直すにも足らぬものである」

と口述されたので、聖書にはヨハネ伝に、ヨハネ答えて言う、「即ち我が後にきたる者なり、我はその靴の紐を解くにも足らず」とあり全く反対になるから、その理由をお伺いしたら、

「そうしなければ立替えになりゃせんがな。大本は一切の立替をするところやがな」

とお答えになるので「それでは立直しの時にはどうなるのですか」とお聞きしましたら、早速筆を取って右の物語の次に左の歌をしるされました。

耳で見て目でき鼻でものくふて口で嗅がねば神は判らず
耳も目も口鼻もきゝ手足もきゝ頭も腹もきくぞ八ツ耳

（大正十年十月二十一日）

○キリスト

キリストはユダヤの王になろうとしたのだ。

(大正十年　桜井重雄氏拝聴)

○玉照彦

玉照彦《たまてるひこ》(『霊界物語』第二巻第四十五章、第四十六章)というのは、大八洲彦命《おおやしまひこのみこと》の守護神やで。

(大正十年十一月八日　『霊界物語』筆録中、桜井重雄氏拝聴)

○舟木

『霊界物語』(第一巻第八章「女神の出現」。同第九章「雑草の原野」)にある舟木とあるのはあなた(湯浅仁斎氏)のことである。

(大正十年頃　湯浅仁斎氏拝聴)

○鰐の映画

大正十年の(大本)節分祭の時に、南洋の土人がワニをもてあそんでいる映画を見せたのは、大本事件(第一次)の来ることを謎で知らしたのである。

(参照)『神霊界』大正十年三月号「南洋に於ける鰐《わに》の大活動は見物であった……」

○みつき

大正十年事件の時、京都刑務所へ松村真澄氏が面会に行かれますと、聖師様が右の人差し指で左手掌を三つ突いて見せられた。その意味が判らずにいたら、三月目に保釈出所されて「三月したら出る事を知らしたのだ」と教えられました。

（大正十年）

○綾部の並松

並松《なみまつ》は国常立尊《くにとこたちのみこと》を沓島《めしま》に島流しに舟出したところであるから、祟るのだ。眷族（信者）は冠島《おしま》へ流したのである。

（大正十年）

（参照）第二次事件の控訴審聖師答弁「国常立尊《くにとこたちのみこと》はトルコのエルサレムから日本へ押込められ、また日本から押込められた」（大本節分大祭に人型流しの神事はここで奉仕される）

○十里四方は宮の内

問　綾部の十里四方は宮の内になりますか。

答　それはなる。神様が言われたとおりに。

問　十里四方は宮の内になりますと買物に行くのに困ります。

答　十里四方皆お宮が建つのではない。十里四方の中には司たちが住むので、八百屋をはじめた人、寿司屋をはじめた人など、仕事をはじめた人が住むので、因縁のない人は自然に住めなくなって移住するようになるのである。

（問者　梅田やす子氏）

（参照）天国に十二の柱建つまでは霊山会場はさびしかるらむ　王仁

○床次さん

床次竹二郎《とこなみたけじろう》さんは大臣（内務）の時に大本を弾圧したから、総理大臣にはなれぬ。

（大正十年）

（実弟の床次正廣氏は大本信者であったため、早速に兄竹二郎氏へ伝えた。床次竹二郎氏夫妻は綾部へ出口聖師をたずね、「写真で見て小さいお宮と思いまして」とお詫びを申し上げ、本宮山のお宮の費用を差し出したが受けとられなかった由）

○アイヌ人の性質

アイヌのアイは愛の意。アイヌ人は非常に情愛が深い。

（大正十年　松村真澄氏拝聴）

○神示の霊夢

大正十年第一次大本事件公判の際、京都の宿舎（梅田信之氏宅）にて、聖師様は実弟小竹玖仁彦氏に「神様にお願いして夢を見せてもらえ」と申されたので、小竹氏が御祈願されしところ、旧八月十五日（新九月十六日）より毎夜続いて十日間、次のごとき夢を見せて頂きし由なり（但し日曜二日と秋季皇霊祭は夢なし、正味七日間なり）。

一、大鰐《おおわに》あり泰然自若《たいぜんじじゃく》としている。その側に大虎二匹あり、互いにかわるがわる鰐に飛びつく。しかし鰐は平然として、ときおり虎の額《ひたい》を尾にてはねる。かくする事数回にして大虎は中田検事と宮脇警察部長の顔となりし由。

二、沓島の如きところあり。大鰐水面に大虎は岡の上にあり。狼高所より見下しおれり。小鰐がノソノソと登り行く。大虎が小鰐を口にくわえんとすれども得ず。互いに戦い終に小鰐下に落つ。次にまた他の小鰐あり。前回のごとく戦う時に大鰐言葉を発して言うには、「四ツ足をくわえて引き込め」と。終に四匹の小鰐四ツ足をくわえ引き込む。大虎は哀れにも水を呑んだ。

三、法廷にて公判を聞く。判事、小竹氏に「公判終りたれば感想あれば述べられよ」と。小竹氏感想を述べたくて仕方がないので聖師様に話されると「やれやれ」と申されたので、直ちに黒板の所に行き白墨を取りたら意外にも、

　イ、白黒を判事佐藤りし明判官裁きの庭も明くなるなり

ロ、宮脇に立ちて裁きを聞く耳は蜂の弁護にさされけるかな

ハ、とらまへた王仁の尻尾《しっぽ》でしばかれて罪は中田で部長面をする

ニ、ほりこんで栗田お蔭で丹波ぐり今ははじけて世にいでにけり

ホ、京都府高き芝にて焚き見れば警部隊ばかりで煮えきらぬなり

以上のごとき五歌が出たので、直ちに書き、われながら不思議に思い、手帳に書き留めて

由。私の部屋の六枚屏風《びょうぶ》が風でかえりて、谷村正友、中野二氏が起こしておった所であった

座に帰る。その時大風あり黒板は検事の上にかえる。夢がさめて（二十六日の朝）みると、

六枚屏風（書記二人、判事二人、陪席一人、検事一人）

四、和知川より材木流れてくる。大本行きと書きあり、引き上ぐる事六回すなわち六材（無罪）なり。

五、小竹氏、品川駅に下車して歩いているうち、後より労働者らしき者来たり、氏の布の煙草入れを引き取り捨ててしまい、自分の鰐皮の煙草入れを出して、今の流行《はや》りもの鰐皮の煙草入れを知らないかと言い通り過ぎた。氏は茫然として歩くうち、町に大勢が黒山のごとくたかりおるのに出会い、何事かと見ると、鰐皮の品々を売っておった。

また電話番号五六七と書き、みろくと仮名をつけた電話を百万円で買いますという札が掛っておった。

六、中田検事が大本に羽織袴で来て、「前の事は示談で済ましてくれ」と言う。小竹氏が自分で返答をしかねて聖師様に取り次ぐ。

聖師様、中田検事に面会して「示談で済ますと言うても百二十六日も監獄に入れて、ほどがあるではないか」と言われておった。

七、大本信者弥仙山《みせんざん》に参拝、淤与岐《おょぎ》の八幡宮にて常に神主先達なれど、今度は別にして私

（小竹氏）先達す。登って行けば大虎二匹左右にあり、皆話しあって頭髪の長き者は後ろより、短き者より進むこととなり前進す。

さて二匹の虎は神様に参拝の節だから殺すのは悪いから生捕《いけ》りにしてやろうということに定まり、まず祝詞《のりと》ということになり、祝詞を奏上するうち、虎は小さくなり二匹の猫になる。竹下（斯芸琉）氏と私がまず懐中に入れ、帰路には信者交替にて持ち帰る。

○大審院判決（第一次）の予言

これより前、聖師が出発なさる前、二代様は「十五日の晩の月が立派であれば無罪」と申し告げられた。昭和二年五月十五日に、聖師様は旧四月十五日夜の月を仰ぎつつ東上された。五月十七日十時半、大審院に出頭されて「七年にわたりし大本教事件けりがつきにけり無事にすみけり」の歌となった。

○月と大事

聖師は「大事を前にひかへて水に写る月、即ち下の月、また十二時過ぎて下《さが》る月を眺め賞するものでない」と、教えられた。

（参照）『霊界物語』第八十一巻第七章「月音《つきおと》し」。『霊界物語』第二十五巻第十一章「風声鶴唳《ふうせいかくれい》」

○金をやろう

大正十年二月十一日、大阪梅田の大正日日新聞社の社長室に、出口王仁三郎社長をたずねた吉野時子さんに「お前に金をやろう」としきりに言われるのを無理に振り切って帰宅しました。翌十二日に王仁三郎社長は大本第一次事件によって検挙されました。頂いておったら、綾部の二代教主にお届け出来たのにと残念でたまりませんでした。

○九月八日の仕組は霊界物語

大正八年一月二十七日、『伊都能売神諭《いづのめしんゆ》』に「辛《かのと》の酉《とり》の紀元節、四四十六の花の春、世の立替立直し、凡夫の耳も菊の年、九月八日のこの仕組」とあるが、聖師は「九月八日のこの仕組とは大正十年十月八日旧九月八日に御神命降り、旧九月十八日から口述開始した『霊界物語』のことである」と昭和六年十月十八日旧九月八日に示された。『霊界物語』第十六巻第六章、第二十六巻第二章、第六章に辛酉と九月八日の密意がこめられている。『霊界物語』こそ誠の神の出現である。

（参照）『真如の光』昭和六年十一月五日号。『出口王仁三郎全集』第五巻　四五七頁

○本宮山大神殿

大正十年十月二十日、綾部本宮山大神殿破却開始の日である。在郷軍人三千人が動員されて

取りまき、二百人の人夫の手で、大神殿がいよいよ破却されはじめようとしていた。血気にはやる青年信徒は神殿に手をつけたら承知せぬと、短刀を懐中にかくし持って集まってきた。聖師はその青年たちに「今日は何事ですか。王仁はこの大神殿が嫌いで壊したいのだが、こわしたら信者がおこるし、ところが今日から政府の手でこわしてもらうことになったので王仁は喜んでいるのや」と申されるので、阿呆らしくなってそれぞれ郷里へ帰ってしまった。聖師は『霊界物語』の口述を十月十八日旧九月十八日から開始され、二十日からは神殿を大破却する音を聞きながら本宮山山麓、和知川畔の並松の松雲閣《しょううんかく》において口述を経続されたのである。即ち神を生み出しはじめられたのである。

（参照）聖師の言葉　昭和六年十月十八日旧九月八日

私は神様から「今のは仮の宮である、これをいったんつぶして立直さねばならぬ」と伺っていた。しかしこちらから毀《こわ》すことは出来ず、さりとて腐るまで待てば非常に年数がかかるし、自分が毀せば信者が承知しない。政府から毀されるのはかえってこれ幸いであって、神の仕組であると嬉しい気持がした。お宮を毀されて嬉しいというのは変なものであるが、より以上立派なお宮が早く建つことを思えば、嬉しくて憤懣《ふんまん》も何もなくなったのであります。

○著と編

王仁が発表したものは、出口王仁三郎著とすること。他の人がまとめたものは、○○○○編とすること。

（大正十年　桜井重雄氏拝聴）

第二章

大正十一年〜昭和十年

大正十一年　壬戌（みづのえいぬ）　西暦一九二二年

○バラモン宗教

今の宗教はみなバラモンになっている。

（大正十一年　桜井重雄氏拝聴）

○瑞の神歌の内容

「瑞《みづ》の神歌《しんか》」は、大正六年当時の霊界の状況を歌ったものである。

（大正十一年　桜井重雄氏拝聴）

（参照）大正六年十二月一日の「大本神歌」および大正六年十一月三日の「いろは神歌」

（聖師は大正七年五月に「戊の午の春より霊界に大争闘のはじまりて居り」「霊界のたたかひ済めば現世につづいて戦争はじまると知れ」と警告されていたが、昭和六年九月八日、本宮山《ほんぐうやま》山頂に教碑が建立されるや、十八日より実現し始めたのである）

○蜂公と虻公

聖師が『霊界物語』を口述された時に、蜂公蛄公《はちこうあぶこう》のところまで来ると、「蜂公は開祖様のことであって、蛄公は王仁のことである」と教えられた。

（大正十一年六月十一日　桜井重雄氏拝聴）

（参照）『霊界物語』第二十三巻第七章「知らぬが仏」、第八章「縺《もつ》れ髪」。第二十七巻第十五章乃至第十八章。第二十八巻第十二章乃至第十四章

○サールボース

サールボースというのは西園寺のことである。

（大正十一年八月六日）

（参照）『霊界物語』第二十八巻

○タコマ山

タコマ山は東京のことである。富士山のことである。

（大正十一年）

（参照）『霊界物語』第二巻第九章「タコマ山の祭典〔一〕」、第十章「タコマ山の祭典〔二〕」。第三巻第二十四章「蛸間山の黒雲」、第二十五章「邪神の滅亡」

○弥勒胎蔵経は霊界物語

王仁は苦しくてたまらぬ。『霊界物語』をつくって腹の中に入れてあるのに、筆録者が都合

が悪いというて筆録してくれないので。（大正十一年）

（参照）「五六七《みろく》神政の胎蔵経たる経緯の神諭と聖なる霊界物語」（『霊界物語』第五十五巻「序文」）

○「ぼれい」は鉄をとかす

大正十一年五月のこと、綾部の桜井歯科医が治療中患者がクレンザァ（鋼鉄製の針で、あまつさえその尖端には逆さまの小さい糸のような針が無数に取り付けてある）を呑み込んでしまった。氏は周章狼狽して出口聖師に事情を訴えた。師は即座に「それはわけはない。ぼれい（牡蠣《かき》の殻を焼きて粉にせるもの、薬種屋にあり）を呑ませればすぐなおる。ぼれいは体内にある鉄をとかすから」。氏は早速患者にぼれいを呑ませたところ、なんの苦もなく治ってしまった。

大正十二年　癸亥（みづのとゐ）　西暦一九二三年

○宇宙紋章

◎宇宙紋章（大正十二年、聖師により制定され、昭和十年まで大本更始会《おおもとこうしかい》の徽章《きしょう》）は瑞《みづの》霊《みたま》の神票なり。

（大正十二年十一月　金沢市又五郎町にて　浜中古昭氏拝聴）

○加賀

加賀は加賀美（鏡）の出るところである。

（大正十二年十一月）

○佇立

『霊界物語』の佇立はていりつと読め。ちょりつは音が嫌い。（大正十二年　桜井重雄氏拝聴）

（註＝一般にはちょ立と読むが、聖師はちょの音がお嫌いなのである）

○関東大震災と瑞霊の活動

大正十二年九月一日の関東大震災について「大本から信者の慰問に行かねばならぬと思いますが」と聖師様に申し上げると、「王仁が救うのにどんなに苦しんだか判らないか。慰問に行くことはいらぬ。早くお礼に来るように奨めるためならよろしいが」とお答えになりました。

（東尾吉三郎氏から昭和二十三年六月二十九日に、二代教主より福井震災見舞を命ぜられた木庭次守への心得としての話）

○関東大震災と瑞霊活動

（関東大震災のときに）大本の話を一度聞いた人は皆救ってある。しかし今後は知らない。

（大正十二年九月）

○関東大震災と霊界物語

関東大震災の日（大正十二年九月一日午前）には熊本県山鹿町の、町経営の温泉の附属旅館の松風館にお着きになったので、鹿本支部、菊池支部、大八洲支部、八代支部の連合で歓迎しました。聖師のお話を聞くために集まったが、宇知麿《うちまる》様に「『霊界物語』の大地震（第三十一巻第二章「大地震」、第三章「救世神」）のところを読め」と言いつけて、ご自身は休んでしまわれた。信者は宇知麿様の拝読される物語を心もとなく拝聴していたが、翌日九月二日、関東大震災の号外が出て、信者一同、聖師様の先見の明に今さらの如く感嘆致しました。

（尾形太郎作氏拝聴）

休まれたのは霊的大活動のためである。

○みろく最勝妙如来

大正十二年八月、杖立《つえたて》温泉湯治をおえて、九月二日関東大震災の翌朝、聖師様は熊本県鹿本郡三玉村蒲生（現在は山鹿市）の不動岩へ登山されることとなりました。まず、その下の小さな家に小憩されました。

「聖師様、小さい家で申し訳ございません」と信者が申し上げますと、「王仁はこんな家が大好きじゃ」と言われ、その家の中に祭ってありました観音様を見て「王仁がいつも観音様を書く時に見えていた観音様はこれだ」と喜んでふれられますと、前後に一尺も石像が動き出しまして、しばらくたってようやく止りますと坐って「王仁が触ったら喜んで動かれるので、倒れてはいかぬとつかむとますます動かれるので持っていた」と申されました。

その瞬間に石像の胸に月の如き白き形が出来ました。「これは観音様じゃない。弥勒最勝妙如来」と示されました。ならんで写真を撮影されますと、聖師様と全くの等身大でした。（聖師様は大正十四年六月三十日に弥勒神像のあたり一帯を瑞霊苑《ずいれいえん》と命名されました。聖師様がこの地に参拝されますと、きまってどこかで天災地変があります。関東大震災号外はここで受け取られました。昭和九年九月二十一日参拝されましたときは室戸台風（死者・行方不明三千三十六人）による大阪の風水害のおりで、九州別院から代理を派遣された時でありました）

（尾形太郎作氏、松浦教友氏拝聴）

（参照）『霊界物語』第三十三巻　校定版　口絵写真

○霊界と東京大震災

大正十二年九月十日頃、京都の郵便局に勤めていた上村清彦氏一行七、八人が、亀岡天恩郷の瑞祥閣（瑞祥館のところに建っていた建物）にて聖師様より教えて頂いた。

問　天国地獄というものはハッキリしませんがあるものですか。

答　お前はないと思っとるのか。

問　ないということも、あるということも判りません。

答　東京の震災があったようだが、あれは信じられるか。

問　信ずるも信じないもありません。毎日毎日通信がはいりますし、沢山の怪我した人が京都駅に逃げて来たのを目撃しておりますから。

答　この世はウツシ世であるから、どっかに実物がなければ写ってくるはずがないではないか。天国ばかりであればあんなことはない。地獄が写って来たから、あんなことがあるのじゃ。地獄も昔とは違って変わっているで、徳川時代は竹で鋸を造って首をひいていた、火あぶりにしたりした惨忍な地獄があったもので、今はそんな地獄は滅多にない。それだから現世のことは霊界から現われて来るのだから、東京の震災を見たら霊界に地獄があることが判るのである。

○四十字詰と神秘の文字

『霊界物語』第五十五巻「序文」を印刷する時でありました。

「お前たちの目は節穴や。四十字詰にすれば、字が出て来るのである。実は王仁が口述していると、なんや一寸《ちょっと》ゆきよると喉がうっとつまるんや。そのうちに考えていると、その字が行が変わるところだった。

（大正十二年三月五日　天声社）

霊界物語　第五十五巻　序文

明けく治まる御代《みよ》の三十一年《みそまりひととせ》春は如月《きさらぎ》の九日天教山に鎮座したまふ木花姫命《このはなひめのみこと》の神使斯世《このよ》を
治めむと神々の協議の結果をもたらし坐丹波《ましたんば》の国曽我部《そがべ》の村に牛飼ふ牧童の辛未《かのえひつじ》の年生れ
三ツの御魂に因縁《ゆかり》ある三葉彦命《みつばひこのみこと》の再生なる神柱に三千世界の修理固成《しうりこせい》の神業の先駆を命じ
十字架を負はしめたまひしより今年大正の十二年正月十八日まで満二十五年間出口王仁は
一心不乱に神国成就のために舎身的活動を続けて宇宙万有一切の為に心身を焦がし奉り十
年一日の如く三千世界の諸天人民に至上の心を持せしめ神の御国に安住せしめむと妙法真
如の光明を顕彰し暗黒社会を照破すべく変性男子《へんじやうなんし》の精霊と倶《とも》に綾の聖場地の高天原に現れ

月光菩薩の神業に心事し家を捨て慾を棄てて神の僕《しもべ》となり微妙真心を発こし一向《ひたすら》に我神国九山八海の諸神を念願し諸《もろもろ》の功徳を修して高天原に万人を救はむことを希《こひねが》ふ大国常立大神《おほくにとこたちのおほかみ》日の大神月の大神は神を愛し神を理解し信真の徳に充たされたる者を天界に救ふべく最《い》と高き神人を率ひて霊肉脱離の際に来迎し直ちに宝座の前に導きて七宝の花の台《うてな》に成道し虎熊狼などの悪獣をも恐れざる不退転の地位に住して智慧勇猛神通自在ならしめ玉ふ噫《ああ》天教山に現はれたまふ木花姫の無上の神心に神習ひ大功徳を修行して顕幽両界の神柱となり人の人たる本分を尽さしめ玉ふ伊都の御魂の大御心《おほみこころ》の有難さ瑞月《ずゐげつ》は多年の間千難万苦を排し修行の効を了《を》え漸《ようや》く神界より赦《ゆる》されて爰《ここ》に謹み畏こみ三世一貫の物語を口述するを得たり行して神使となること能はずとも当《まさ》に無上の神心を発《おこ》し一向《ひたすら》に天地の大祖神を祈願し真心より可成的善行を修して斎戒を奉持《ぶぢ》し神の聖社を建立するの一端に仕え神使に飲食《おんじき》を心より供養し神号幅《しんがうふく》を祀り燈火を献じ祝詞《のりと》を奏上し神の御前に拝跪《はいき》せば天界に生れしめ玉はむ今生は言ふも更なり来世に到りて智慧証覚を全ふし愛善の徳に住して身に光明を放射し兆年の久しき第二の天国に安住し得べし又十方世界の諸天人民にして至心ありて天国浄土に大往生を遂げむと欲するものは譬《たと》え諸の功徳を成す能はずと雖《いへど》も常にこの物語を信じ無上正覚を得て一向《ひたすら》に厳瑞《げんずゐ》二神を一意専念せば神徳いつとなく身に具足して現幽両界共に完全十足の生涯を楽み送ることを得べしこの深遠なる教理を真解して歓喜し信楽して疑惑せず二心を断ち一向《ひたすら》に神教と神助を信じ至誠一貫以て天国に復活せむ事を願ふ時は臨終に際し

正に夢の如くに厳瑞二神即ち日月の神を見たてまつりて至美至楽の第三天国に復活すべし月神の信真によりて智慧証覚の光明を受くること第二即ち中間天国の天人の如くなるべし十方世界の無量無辺不可思議の聖徳を具有する諸神諸仏如来宣伝天使は大国常立大神の徳八荒に輝き給ふを称讃して其の出現聖場たる蓮華台上に集り給ひ無量無数の菩薩や衆生は日月の光を仰ぎ奉りてここに往詣して洪大無辺の神徳に浴し克《よ》く恭敬礼拝《くげらいはい》し供物を献じたまひて神慮を慰め且つ五六七《みろく》神政《しんせい》の胎蔵経たる経緯の神諭と聖なる霊界物語を歓喜聴受して顕幽二界の消息に通じ天下の蒼生に至上の神理を宣布し東西南北四維上下を光輝し月光満ちて一切の神人各自に天界の妙華と宝香と無価の神衣とを以て無量の証覚を供養し顕幽二大世界は咸然《かんぜん》として天楽を奏し和雅《わげ》の音《こえ》を暢発《てうはつ》し最初最妙と大神柱《だいかむばしら》を謳歎《おうたん》し神徳を覚り十方無碍《むげ》の神通力と智慧とを究達《くだつ》して深法界《じんぼうかい》の門に遊入し功徳蔵を具足して妙智等倫無く五逆消滅して慧日世間を照らし生死の雲を消除し給ふべし嗚呼《ああ》惟神《かむながら》の霊光天に輝く月と日星の如くにして荘厳清浄の天国を現じたまふ霊主体従の至上心を発揮し神に奉仕する時は霜雪の寒気も忽ち変じて春陽の生気と化し三界一時に容《かたち》を動かして欣笑《ごんせう》の声を発し無限光を出して十方世界を照らさせ玉ふ霊光を以て身を囲繞《ゐげう》せしめ円相を具し天人と倶に踊躍《ゆやく》し経緯の神人に由つて大歓喜の心境に遊入すべし若し人にして善徳なき時は此の神啓の神書たるを覚らず且つ理解し得ざるべし清浄無垢にして小児の如き心境に在る者にして根本より其の真実味を聞くことを獲《う》べし驕慢と悪しき弊と懈怠《けたい》とは容易《たやす》く神示に成り就たる是の

・霊語神声を信ずる事能はざるべし心身清浄にして能く神を信じ克く神に仕え神を愛し精霊
・界の諸消息を探知したるものは歓喜雀躍《じやくやく》してこの神言霊教を聴聞し聖心を極めて一切の事
・物を開導するに至るべし神界の主神《すしん》たる大国常立大神の愛善の徳と信真の光明は弥広《いやひろ》く言
・語の尽し得る所にあらず二乗の測知し得る限りにあらず只大神自身のみ独り明瞭にこの間
・の経緯真相を知悉《ちしつ》したまふ而已《のみ》たとへ一切の人にして智慧証覚を具備して道を悟りこれを
・口に手に現はさむと欲するも又本空《ほんぐう》の真理を知り万億劫の神智を有する共到底これを口に
・述ぶること能はざる可し神の智慧と証覚には辺際なく絶対なりア、愚昧頑固なる人間智を
・開きて最奥第一の天界はいふも更なりせめて第三の下層天界の消息を覚らしめ無限絶対無
・始無終の神徳に浴せしめむとする吾人の苦衷何時の世にかこの目的を達し得むや口述開始
・より既に十五ヶ月未だ神諭に目覚めたる人士の極めて少数にして偶々《たまたま》信ずる者あるも元よ
・り上根の人にあらざれば僅かにその門口に達したる迄の状態にありア、如何にせむ神将三
・十三相を具備し玉へる観世音菩薩最勝妙如来の道化の妙法瑞の御魂の千変万化の大活動三
・五教の大本五六七《たいほんみろく》の仁慈に浴して各自にその智慧を充たせ深く神諭の深奥に分け入りて箇
・箇の神性を照し神理の妙要を究暢《くてう》し神通無礙《じんづうむげ》の境地に入りて諸根を明利ならしめたまへと
・月光如来の聖前に拝跪して鈍根劣機の男女をして神意を識《し》らしめ五濁悪世《ごぢよくあくせ》に生じて常に執
・着の妖雲に包まれ苦しめる蒼生をして清く正しく理解するの神力を与え金剛法身《こんがうほつしん》を清め両
・手に日月《じつげつ》の光を握らせ玉え鈍根劣機痴愚の生涯を送りつつある神の僕《しもべ》の瑞月が謹み畏こみ

日に夜に真心を捧げて天下万民のために大前に祈願し奉る三五教《あなないけう》の聖場五六七《みろく》の大神殿に数多の聖教徒日夜に参集して道教を宣伝し妙法を演暢《えんちやう》したまふ神使の言に歓喜し心解し得は四方より自然に神風起りて普《あまね》く松柏の宝樹を吹き鳴らし五大父音の神声を出して天下無二の妙華を降らし風に随って宇内を周遍し天の岩戸開きの神業は易々として天地主宰神八百万の神と倶に宇都の神業は大成され神示の許になれる是の神書霊界物語を著はしたる連日の辛苦も稍々《やや》その光明を輝かし得るに至る可し大聖五六七の神霊地上に降臨して宇宙間に羅列棊布《きふ》せる一切万有を済度し玉ふその仁慈は大海の如く慧光また明浄にして日月の如し清白の神法具足して円満豊備せること天教山の如く諸の神徳を照らし玉ふこと等一にして浄きこと大地の如し浄穢好悪等の異心なきが故に猶ほ清浄なる泉の如く塵労もろもろの五逆十悪を洗除し玉ふが故に猶ほ火王の如く一切煩悩の薪《たきぎ》を焼滅し玉ふこと猶大風の如く十方世界を行くに障礙《しやうげ》なきが故に猶ほ虚空の如く一切の有に於て執着無きが故に蓮《はちす》の如く五濁《ぢよく》の汚《お》染なく真に月の皎々《かうかう》として蒼天に輝くが如し之れ月の大神の真相にして霊界物語編述する時の吾人の心境なりア、何時迄も志勇精進にして心神退弱せず世の燈明となり暗《やみ》を照らし常に導師となりて愛善の徳に住し正しきに処して万民を安んじ三垢《さんく》の障《さは》りを滅し終身三界のために大活躍せしめ玉ひて口述者を始め筆録者の真心を永遠に輝かし玉へと祈るも嬉し五十五編の霊界物語茲《ここ》に慎み畏み神助天祐の厚きを感謝し奉るア、惟神霊幸坐世《かむながらたまちはへませ》

大正十二年三月五日（旧正月十八日）

○大本の神器「御手代」と聖師日和

大正十二年八月、聖師は熊本県阿蘇郡小国町の杖立温泉で湯治《とうじ》された。この時、誕生日の旧七月十二日（新の八月二十三日）夜の月を仰いで、杖立名産の竹の杓子《しゃくし》の裏に

この杓子我生れたる十二夜の月の姿にさも似たるかな　王仁

（此杓子吾生れたる十二夜の月のかたちによくも似しかな　王仁）

表に

天地の身魂を救ふ　この杓子　心のままに世人救はむ　王仁

（万有の身魂をすくう此釈氏　心のまゝに世人す九へよ　王仁）

（註＝括弧《かっこ》内は、杖立の白系の滝下に建立された御手代《みてしろ》歌碑の歌詞）

と揮毫され、⊙の拇印を押されて来訪する大本信者に授けられた（歌詞は多少の相違がある）。

これが大本の神器「御手代《みてしろ》」の発祥である。小国の信徒は聖師のお土産に竹の杓子三百本を贈った。聖師はこの竹の杓子に揮毫され、⊙の拇印を押して、大本の熱心な信徒や宣伝使に授与された。

大正甲子《きのえね》十三年六月二十一日、蒙古のパインタラの遭難の時に、この御手代が日本人に拾われて、鄭家屯の日本領事館に届け出たために救出された。聖師が地上の神人を救うために授けられた神器御手代は、まず聖師自らを救った。

聖師が杖立温泉に滞在中に、エスペラント辞典を書きあげられたことも忘れることはできな

い。

三代教主の許可された御手代（奥村芳夫氏が頂いたもの）は歌碑として、歌詞を引きのばして、杖立温泉の聖師が「神と人のえにしを結ぶ　白糸の滝の流れは世を洗ふなり　王仁」と詠まれた白糸の滝の下に、昭和三十八年五月三十一日に出口直日建之として、同日に直日教主臨席のもとに除幕された。

降り続いて九州全土の麦を腐らした雨もたちまち晴れあがった。台風銀座といわれた九州もこれより、台風は縦走しなくなった。実に神徳は無限である。聖地においては、聖師が家外に出られると必ず快晴となるので、「聖師日和」と唱えることとなっている。「みてしろ歌碑」建碑除幕式には、さしものなが雨も晴れあがった。

大正十三年　甲子（きのえね）　西暦一九二四年

○霊界物語を一頁九行から十行へ

『霊界物語』の一頁は九行にしてあるからいつまでも苦労させるんや。いつまで九行（苦行）させるんや。十行にせないかん。神様の行にさせるんや。

（大正十三年一月五日　綾部天声社時代）

○霊界物語を一行四十字詰に

『霊界物語』の一行は三十九字詰でさんざんくろうさせたが、四十字詰にするのや。始終神の字にするのや。

（大正十三年一月五日　綾部天声社時代）

○大本と他教

大本と他教との区別は、大本は百燭光の電燈の下で勉強するようなものである。

他の宗教はいかに秀れた宗教といえども、隣の部屋の障子の灯でウッスラと字が読める程度である。その他のものは、次の次の部屋の障子の灯の光で顔がウツスラ見えるぐらいの宗教はたくさんある。

大本に集まる人は幸福《しあわ》せなものじや。

（大正十三年　上村清彦氏拝聴）

○みろく神像と蒙古入と御手代

聖師様は聖地へ帰着されますと、「早くみろく神像を家の外に出さなければ活動が出来ない。そして雨ざらしておくように」とのお便りがありましたので、当時山鹿町長でありました江藤寛治氏が熱心に村民を説きふせて、家の外に簡単な屋根をするとの条件で決定し、聖師へその由をお伝えしました。

手紙を受け取った聖師様は、大正十三年二月十三日午前三時、綾部から突然入蒙された。神像を出しますのに、裏壁を破って神像に疵《きず》が書かないようにと、縄でぐるぐる巻いて外に出しました。六月二十一日、パインタラにてガンジがらみにしばりあげられました聖師は、自らが大本の神器として杖立温泉で染筆された御手代が日本領事館の手に入り、奇蹟的に救出された。パインタラで逮捕された時に「大成功だ」と叫ばれたように、世界の王仁三郎と仰がれることとなる。世界の大池に投じた王仁三郎の一石は大反響を生む。

○蒙古の信仰

蒙古に行ったら、みな個人の家はパオといって小さい汚い家や。それにラマ教の法城だけは巍然《ぎぜん》として聳《そび》えている。それが栄えることが天国だと思っている。あちこちの山々に、法城だけは巍然として良い場所に聳えていた。

（大正十三年　波田野義之氏拝聴）

○神罰の当る理由

問　沓島《めしま》や冠島《おしま》や神島《かみじま》に参拝します時、毛の服を着たり、革のバンドを締めたり、月経の人が舟に乗っていますと海が荒れるのはどうした訳ですか。

答　大神様はおこられないが、眷族がおこって暴れるのだ。ちょうど大本の悪口を言われても、王仁は平気だが、お前たちがおこるようなものである。

（東尾吉雄氏拝聴）

○東と西（本願寺）

東（本願寺）は地の利を得ていること、町の商人に参拝者を世話させるようにして、町の中から賑わうようにしたから、東本願寺というものが隆盛を極めた。西本願寺は政策が劣っているので立ちおくれた。

（大正十三年）

○王仁は日本人だ

王仁がパインタラの獄舎につながれている時に、日本領事館から土屋書記生が、御手代を証拠として、救出に来たおりに、支那官憲は支那人だといって交渉に応じない。談判の声が、牢まで聞こえてきたので、王仁は大声で「王仁は日本人だ」と叫んでやった。土屋書記生の耳に入り、「日本人がいるではないか」と、ドカドカと獄舎に入って来て、「あなたが出口さんですか、もう私が来たから大丈夫です」と言って帰って行った。

この時ほど日本の国はありがたいと思った事はなかった。七月五日に鄭家屯の領事館の獄にうつされて、ホッと安心した。

（鄭家屯領事館領事吉原大蔵、外務書記生土屋波平）

（参照）『霊界物語』「特別篇　入蒙記」

○蒙古の追懐　七月五日

支那側ゆ日本の領事館内に引渡されし今宵なるかな

六人の吾一行は日本側我官憲に渡されし夕べ

百余日経ちて日本領事館に湯浴み為したる今宵なるかな

漸《ようや》くに暴逆の手を免れて日本の獄に入りし今日かな

（『真如の光』第二十六号　大正十五年七月五日）

○瑞霊苑のみろく様へ煙草「朝日」を

聖師は蒙古から帰ると、大阪若松刑務支所へ九十八日間投獄された。面会に行った熊本県の信徒へ、「三玉村のみろく様が煙草朝日を持って見舞いにみえたから、みろく様へは朝日をお供えしてくれ」と申されたので、三玉のみろく様へは大正十三年以来、煙草「朝日」をお供えすることが例となった。この頃は、日本たばこ株式会社で、煙草朝日を製造しなくなったのでお供えが出来なくなって困っている。

大正十四年　乙丑（きのとうし）　西暦一九二五年

○来勿止の神

高熊山の来勿止《くなどめ》の神の関所は、二つの堤を通りぬけて登り口の平坦地である。昔はここらはまったく深山でありまして、山から流れて来る川が高くなって滝（山神の滝）になって落ちていたのである。（大正十四年初）

（参照）『霊界物語』第十九巻第十四章「声の在所《ありか》」、第十五章「山神の滝」

○光照殿の門（天恩郷）

古昔より「亀山城にすぎたるものは三羽烏に樟《くす》の門」という諺《ことわざ》が残っているが、樟の門は明智光秀が造って、光秀の没落後直ちに取り壊された。聖師様はこの予言を証するために、光照殿《こうしょうでん》の門は樟で造らせられた。「秋山館の門に形どって造る」と指示されて造られた。『霊界物語』の秋山館のように、奥に神素盞嗚大神《かむすさのおのおおかみ》がかくれていられる形であって、聖師様は「王仁が不在の時に苦しいことがあったら、鬼武彦《おにたけひこ》助けてくれと祈れば、鬼武彦や旭、高倉の白狐が来て助けてくれる」と教えられたので、その当時は教えられたとおりにお祈りしたものである。

（大正十四年初）

（参照）『霊界物語』第十六巻第三章乃至第六章。第二十六巻第一篇、第二篇

○十字の宮

（十字形の石の宮の）月宮殿《げっきゅうでん》の下には（矢田の奥）から水が流れ出ていた。今日は埋ってしまったけれど。月宮殿の基礎の岩がタテで火で、それに水が噴出して、ヨコになってきて十字をなしているのである。

（大正十四年初）

○天恩郷の万寿苑と千秋苑

天恩郷の万寿苑《まんじゅえん》は、春を意味したもので天国である。春と夏は太陽をたたえる。千秋苑《せんしゅうえん》は月を意味したもので霊国に相応し、修業場である。月の教えを受けて天国に入るのである。秋は淋しいが、春の準備である。『万葉集』は春の歌で実にゆったりしたものである。『古今集』の歌は秋の歌で、生活やわびしさを歌ってている。『古今』の歌をすごせばまた春に帰るのである。

（大正十四年秋）

（参照）『水鏡』「天恩郷の命名」

天恩郷を南北に別けて、月照山の以北を万寿苑と名づけ、以南を千秋苑と命名した。光照

殿の前より、聖観音様の前に通ずる道路を観音通、天声社前より、瑞祥閣に達するものを瑞祥通、瑞祥閣前、及び温室西側より大祥殿に通ずるものを大祥通、温室前より安生館に至り、表通に通ずるものを大手通、炊事場より鏡の池に達するものを真名井通、神集殿（高天閣）敷地の裏通の最高地を国見峠、其以西を西阪、東を東阪、東阪より大手通に達するものを極楽通と命名した。

○亀岡は鏡の岩

『霊界物語』（第十五巻第十九章「第一天国」、第二十章「五十世紀」）にある鏡の岩は亀岡のことである。亀岡は亀すなわち鏡の岡。神の岡の意味である。ここで祝詞《のりと》をあげたら、第一天国へ入ることが出来るのである。

（大正十四年秋）

○惜しいお金

聖師様が大正十四年春、京都の北野天神に御参拝になった時のお伴をした時の話でありますが、社頭の桧の札に麗々しく書かれた寄附を読んで、「惜しいお金やなア」と申されますので、「浄財をあげるのに惜しいはずはないでしょう」と申しますと「こう書いて人が賞賛してくれたものは、神様に何にもなっていないがなあ。こう書かずに御用が出来ておれば、神様の方に届いているが、こうしたら何にもなっていないから、惜しいお金だ」と教えられました。

○教育の方法

（上村清彦氏拝聴）

（一人の子供の教育について悩み、綾部の教主殿にて聖師様の教示を頂く。大正十四年）

今の教育は義務教育あたりまで出たらよろしい。高等の教育を受けさせることは、得るものより、失うものが多いことを承知せねばならぬ。

いかなる科学といえども、本さえ読んだら勉強はできるはずである。そして現在は試験場または実験場があるから、それによって勉強はできる。それによって勉強のできない者は正規の教育を受けてもモノにならないのである。

（上村清彦氏拝聴）

○治国別は人にあらず

問　治国別《はるくにわけ》が遊びにきました。

答　なに……治国別。そんなものはいやせんがな。

（大正十四年　上村清彦氏拝聴）

○王仁は注意と努力

王仁を神様というけれど、王仁は注意と努力だ。

（大正末期　渡辺宗彦氏拝聴）

○大切な事

大切な事はみな書き残しておく。

（大正末期　渡辺宗彦氏拝聴）

○天下統一の意義

上村清彦氏は大正十四年頃から昭和二年までは時おり、天恩郷の瑞祥閣に聖師様をお訪いして教えて頂いたものでした。ある日、共産党の人を連れて参りました。その人は受付の「天下統一」の額を見ておりましたが、いよいよ聖師様のお部屋へ案内されての一問一答。

問　大本は天下統一の希望を抱いて御活動のようですが、日本でさえ統一されないのに、天下統一が出来ますすか。

と質問しますと聖師様はニッコリ笑って、

答　政治的に天下を統一するとは絶対に言うておりませんぜ。

問　しかし玄関の立派な額に天下統一と書いてあります。

答　あの天下は胸三寸のことですよ。大本は人間を小宇宙と言っておりますので、胸三寸の統一も出来ないで困っております。

問　しかし上村さんの話では政治的にとれます。

答　それは上村さんの説じゃから上村さんに聞いて下さい。王仁の天下は胸三寸や。

と申されるので唖然とするのみでありました。

○めぐりとり

大正十四年の事ですが、天恩郷に始めて参りまして、その当時三万円に匹敵する宝石類をある人に売却を依頼して横領されてしまいました。そのことを伝え聞かれた聖師様は「それでめぐりをとってもらってこれから楽になるわい」と申されました。

それから一月たたず、御田村龍吉氏のお話で綾部の教主殿へ参りますと、二代様が「ここに来てあんたの好きなように内事のことをしてくれ。誰にも聞いてはいかん」と申されますので、吃驚《びっくり》して、天恩郷へ帰り瑞祥閣で聖師様に助け舟を出してもらおうと参上しますと「二代が来いというのだろう。行ったらよいのや。明朝《あす》九時に来るように」とのことで参りますと、銀杏の実を焼いて手掌一杯下さって「御田村さん、この人に一人つけて王仁の自動車で送ってくれ」と玄関までわざわざ御自身に見送って頂きました。

その当時は宝石を取られたことが残念でしたが、今になって考えますと、お言葉のとおり「楽になる」とは結構な御用をさして頂いたことだと判らして頂きました。（佐藤章子氏拝聴）

○梅の花の絵

聖師が梅の花の絵をたくさん書いて役員たちに「欲しいのを取るように」といわれますので、それぞれ自分の欲しいのを頂きました。あとに若い一枝に蕾《つぼみ》が二、三輪ついたのが残りました。聖師は「大本はもう駄目だ」と申されるのでその由をおたずね致しますと、「老木の梅は

すぐ枯れてしまう。若い木でないと将来性がない」と教えられた。（大正末期　佐藤尊勇氏拝聴）

○人類愛善

人類愛善ということは、各既成宗教および今までの道徳教のすべてを一つにまとめた、まあ言うたら抱擁したのだ、肝腎のエキスをとったような名である。仏教とかキリスト教とかは、米みたいなもので、米の中から出た酒の汁が愛と善なのだから。人類愛善の大風呂敷をかぶせるとすべてのことが解決する。

（明治三十四年旧六月九日に冠島開きをされたが、大正十四年六月九日に人類愛善会を創立された）

○瑞霊苑と弥勒神像

大正十四年六月三十日に、聖師は熊本県鹿本郡三玉村蒲生にある聖師と等身大の弥勒神像の奉斎された聖域を瑞霊苑と命名された。沓島《めしま》、冠島《おしま》、神島《かみじま》と同様に祠官を置き、尾形太郎作氏を祠官に任命された。

「神像は『霊界物語』第二巻に示された美山彦命《みやまひこのみこと》の造りし神岩（土地で不動岩という）に向かいあうように鎮祭せよ」と、聖師の示されたままに、大正十三年三月三日に鎮祭された。

（参照）瑞霊苑碑建立

出口直日大本三代教主の揮毫の「瑞霊苑」の文字を、熊本県菊鹿町より出た十個の岩石の中の巨石に刻み、弥勒神像の北側に、みろく岩（不動岩）に向けて、青年時代の夢のままに建立させて頂く。

昭和四十五年十月二十五日、弥勒神像の四十七周年の大祭に引きつづき、瑞霊苑碑の除幕式が直日教主によって行われた。山鹿市長古閑一夫氏を始め、九州地方の大本信者が参集して盛大に執行された。直日教主によって木花桜が植樹された。碑のまわりには、天恩郷の植物園から七草が移し植えられた。

（ちなみに、昭和二十九年四月一日に土地の名称は、合併によって山鹿市大字蒲生に改称された）

○神は万物普遍の霊の真義（大本教旨）

大正十四年七月七日、聖師の御垂示に曰く

「『神は万物普遍の霊にして』とは、神は万物に普遍の霊を賦与し給へるものにしての義であって、神と霊とは違ふ。汝ら愚にして、智慧証覚なきを以てこの文章の真義を覚ることを得ぬのであるが、まことの智慧証覚があれば、この文章にて意義がわかるのである」

（土井靖都《やすくに》氏拝聴）

○宇宙紋章と愛善会の徽章

聖師様の入蒙の壮挙を助力させて頂きたい人たちが、大正甲子の年にちなみ「甲子会」として奉仕活動を続けた。聖師は蒙古から帰国、大阪若松刑務支所に九十八日投獄されて、保釈出所されて甲子会を更始会と改称され、宇宙紋章を会章とさだめられました。また宣伝使の制度をさだめられました。そして更始会章の宇宙紋章を授けられました。頂いた人が宣伝使に任命されたのであります。宇宙紋章を渡す時に、「これをもらう人は使命が大きいぞ。星は救世主と大本神のことである。この星を世界の中心に出すのが、使命である」と教えられました。愛善会の徽章は、神様が世界の中心になられた姿。

大正十五年・昭和元年　丙寅（ひのえとら）　西暦一九二六年

○養生歌

章魚《たこ》にあたり腹痛みなば直様《すぐさま》に生紙《きがみ》を煎じ飲めばよくなる
海鼠《なまこ》食てあたりし時は稲の藁《わら》煎じて飲めば忽《たちま》ち癒《なほ》る
梅干と鰻《うなぎ》南瓜《なんきん》と一時に食へば血汚れ○病となる
梅干と鰻と一度に食ふ時は激しく腹の痛むものなり
南瓜と鰻を一度に食ふ時は嘔吐を催し腹痛起る
蕎麦《そば》田螺《たにし》一度に食へば腹下り激しく子宮損ふものなり
水腫の病にかかればつちばこを根ごと煎じて呑めば利水す
（『真如の光』第二十八号　大正十五年七月二十六日）

蜂の巣の在りとは知らず松の枝　切りて眼下を刺され痛かり
黒砂糖唾液にてねり塗り付けて　忽ち蜂の痛み癒えたり
（『真如の光』第二十八号　大正十五年七月三十日）

○神霊界の物語

吾述べし神霊界の物語種本あらむと疑ふ馬鹿者
神に在る吾なればこそ諄々と隠れたる世の状を顕はす
東西の智者も学者も著述家も知らぬ事のみ述べし聖典
後の世の状況知らぬ醜人の暗き身魂ぞ憐れなりけり

（『真如の光』第二十九号　大正十五年八月一日　教主殿）

昭和二年　丁卯（ひのとう）　西暦一九二七年

○千葉と山梨

千葉と山梨とはまだ神様が大本へ来ていやはらんから、開けるのも遅いやろう。

（昭和二年頃　土井靖都氏拝聴）

○鼠の歯

鼠は歯を弱らせる事が怖いからかじるのだから、おこるな。かじった所は細工したらよいのだ。人間も歯を弱らせぬために固いもの昆布みたいなものを噛むとよい。

（昭和二年　綾部大本教主殿　佐藤章子氏拝聴）

○愛の怒り

昭和二、三年頃、大祭の後で教主殿に集まって五、六人のものが聖師様を中心に話をしました。だんだん下ってエロ談が出てきた。六十を過ぎた人が「近頃便利なものが出来て家内も喜んでおります。真空管が出来てそれを使うといつでも男根が突起します」と話していると、聖師は突然満面朱をそそいで立腹され「何ー。大本信者がそんなもの使っているのか。悪魔がそんな機械を使って神の子を亡滅する手段であることを知らないか。自然の要求による性欲でなく、人為的男女関係より有害なものは衛生上ないのじゃ。今後再三使うならたちどころに死ぬで」と叱咤《しった》されました。

（上村清彦氏拝聴）

○地獄おち

お筆先に「妙見坊主をおみとに入れて、ほし殺す」とあるが、あれは○○のことである。○も○○もどっちも地獄落ちやなア。

（昭和二年　土井靖都氏拝聴）

○霊界物語は人体

『霊界物語』は人間の臓物をならべて書いてあるのじゃ。

（昭和二年　教主殿にて　佐藤章子氏拝聴）

○秋山彦館

光照殿（亀岡天恩郷）の中庭に立って門をさして繰り返して申された。

「よう見とけ、よう見とけよ。秋山館とそっくりやで」

（昭和二年　山川日出子氏拝聴）

（参照）『霊界物語』第十六巻第三章「門番の夢」乃至第五章「秋山館」、第十一章「宝庫の鍵」、第十二章「捜索隊」、第十四章「鵜呑鷹《うのみたか》」

○西郷南洲

西郷南洲は一等星の人物だ。大本にはまだあれだけの人物はきていない。

（昭和二年　土井靖都氏拝聴）

○王仁の杖

これを覚えとれ。（杖を示されて）自分の背より五寸くらい背高な杖を使わぬと、ころんだり足をくじいたりする。年とって短い杖をつくのが一番危ない。（五尺六寸七分の杖を献上するとしばらく使われた）

（昭和二年　綾部大本教主殿にて　佐藤章子氏拝聴）

○松のみどり

（神苑につれて出られて松の翠《みどり》の長いのは八分くらいのを、五つや六つつんで食べられて、私たちにも取って下さった）

これを食べりゃ丈夫になるぜ。極度に衰弱した者に食べさせろ。食べさせたら治る。若い赤松のがよい。中程（新芽の中程のこと）がいい。これを取って食べたら松は育たぬけれど。

○庭木の雪おろし

（昭和二年　綾部大本教主殿にて　佐藤章子氏拝聴）

聖師様は、降雪の時は必ず午前二時前にそっと雨戸一枚開けて、裸足で竹竿を持って樹木にたまった雪をおろして歩かれた。またそっと寝床に入ってお寝みになった。出られる時に判ったことはありません。雪を落とされる音に気がついて、ある時「お手伝いさして頂きましょう」と申し上げたら、「助けてくれと泣いている木だけ雪を降ろしたらよいのや、お前には判らぬ」とお一人でなさいました。

（昭和二年　教主殿にて　佐藤章子氏拝聴）

○エエ事したのう

ある人が古い裲襠《うちかけ》を聖師様にお召しになって頂けますまいかと遠慮しながらに献上したら「ええ事したなあ。これであの家は栄える。そこの家の罪がこれにこもっているから、……救世主の王仁にあげたから、あの家は栄える」

（昭和二年　佐藤章子氏拝聴）

○年齢をやる

「お澄に二十五を、あんたに二十あげる」と聖師様が申されましたのを聞いていた人が「私にも年を下さい」とおねだりしたら、すぐ「いま持ち合わせがない」と申されました。敷島二本を召し上がって、「年はいい人のをあずかっておくが、悪いのはあずからん。いつも持ち合わせがないから、いま四十五あったがやったから、またあずかったらやる」と申されました。「舞鶴の〇〇に年を三年延べてやってある。今日あたりくるはずだけど、忘れておらんだろうか電報で呼べ、死んでしまうが」とおっしゃった。

（昭和二年　佐藤章子氏拝聴）

年をやると王仁が年をとる。

（山川日出子氏拝聴）

（参照）『月鏡』「年を若くする事」

○天然の化粧水

高い金出して化粧薬を使うて、美しうなろうとしているが、自分に立派な化粧水をもっとる。唾をぬれ。

（昭和二年　佐藤章子氏拝聴）

（参照）『水鏡』「神示の若返り法」

○鬼権

聖師様はいつも「鬼権をやろうか。鬼権鬼権」といっては玉串のお金を計算されました。

（昭和二年　山川日出子氏拝聴）

（聖師は勇と智の人を鬼権、愛と親の人を仏の善兵衛と言われていました）

○風呂の湯水の使い方

洗面器の尻を湯の上にポンと落として、そこの湯を使えばよい。そうしないと黴菌《ばいきん》が危ない。ポンと叩くと悪いものが散るから、そこを使ったらよいのである。

（昭和二年　佐藤章子氏拝聴）

○本当の古事記

古事記は正しいものであるが、ワヤにしてしまったので、本当の古事記を発表したのが『霊界物語』である。

（昭和初年　梅田やす子氏拝聴）

○艮坤

艮威坤徳　王仁

○坤の金神

ヒは火、ツジは土、サルは水で魂反《たまがえ》し（言霊反し）はスで主神《スしん》ということである。

（昭和初年　桜井重雄氏拝聴）

○宵の明星

宵の明星は用意の明星で、明星はスターのことである。　（昭和初年　徳重高嶺氏拝聴）

○神様のお許し

○○○○氏を弥勒殿の御奉仕に使って頂きたいとお願いしたら「王仁はあげてやるが、神様のお許しがないとあがれんがな」と教えられました。　（昭和初年　佐藤尊勇氏拝聴）

○まだ終わっておらぬ

昭和二年二月七日、勅令第十一号大赦令によって、五月十七日、大審院において大本第一次事件が免訴となりました。二代教主が御神前に礼拝してお礼を申し上げられますと、艮の金神様（国常立尊《くにとこたちのみこと》）の声が「まだ終わっておらぬ」と聞こえてきました。明治二十五年から出口教祖の帰神の時から親しく聞きなれた艮の金神様の声ですから。

○勅令第十一号大赦令

大本第一次事件は、大正十年十月五日、京都地方裁判所で不敬及新聞紙法違反で、出口聖師に懲役五年の判決あり、大正十二年七月二十一日、大阪控訴院でも第一審通り有罪となったが、大正十四年七月十日、大審院は「原判決ニハ事実ノ誤認ヲ疑フニ足ルベキ顕著ナル事由存スルコトヲ認ムルヲ以テ同判決ハ之ヲ破毀スベキモノトス」とし、主文に「本件ニ付当院ハ事実ノ審理ヲ開始ス」と決定。

昭和二年二月七日、勅令第十一号大赦令によって、五月十七日、大審院において免訴となった。

官報号外

昭和二年二月七日　月曜日　内閣印刷局

詔　書

朕大故ニ遭遇シ傷悼已マス此ニ有宰ヲ矜ミ憲章ニ循ヒテ恩赦ヲ行ヒ以テ朕カ罔極ノ哀ヲ申ヘムトス百僚有衆其レ克ク朕カ意ヲ体セヨ

御名　御璽

昭和二年二月七日

内閣総理大臣　若槻礼次郎
陸軍大臣　宇垣一成
海軍大臣　財部彪
外務大臣　男爵　幣原喜重郎
文部大臣　岡田良平
内務大臣臨時代理
逓信大臣　安達謙蔵
逓信大臣　安達謙蔵
司法大臣　江木翼
大蔵大臣　片岡直温

鉄道大臣　子爵　井上匡四郎
農林大臣　町田　忠治
商工大臣　藤沢幾之輔

皇室令

朕宮内職員ノ懲戒免除に関スル件ヲ裁可シ茲ニ之ヲ公布セシム

御名　御璽

昭和二年二月七日
宮内大臣　一木喜徳郎

皇室令第三号
宮内職員ニシテ昭和元年十二月二十五日前ノ所為ニ付懲戒ノ処分ヲ受ケタル者ニ対シテハ将来ニ向テ其ノ懲戒ヲ免除ス未タ処分ヲ受ケサル者ニ対シテハ懲戒ヲ行ハス
懲戒ニ基ク既成ノ効果ハ免除ニ因リ変更セラルルコトナシ

附　則

本令ハ公布ノ日ヨリ之ヲ施行ス

勅　令

朕大赦令ヲ裁可シ茲ニ之ヲ公布セシム

御名　御璽

昭和二年二月七日

内閣総理大臣　若槻礼次郎
陸軍大臣　宇垣一成
海軍大臣　財部彪
外務大臣男爵　幣原喜重郎
文部大臣　岡田良平
内務大臣臨時代理
逓信大臣　安達謙蔵
逓信大臣　安達謙蔵
司法大臣　江木翼
大蔵大臣　片岡直温
鉄道大臣子爵　井上匡四郎
農林大臣　町田忠治
商工大臣　藤沢幾之輔

勅令第十一号
大赦令
第一条　昭和元年十二月二十五日前左ニ掲グル罪ヲ犯シタ者ハ之ヲ赦免ス
一　刑法第七十四条及第七十六条ノ罪
二　刑法第七十七条乃至第七十九条ノ罪
三　刑法第九十条乃至第九十四条ノ罪
四　陸軍刑法第二十五条、第二十六条及第三十条ノ罪並其ノ未遂罪及予備又ハ陰謀ノ罪
五　陸軍刑法第三十五条乃至第三十九条ノ罪
六　陸軍刑法算五十七条乃至第五十九条ノ罪
七　陸軍刑法第七十三条及第七十四条ノ罪
八　陸軍刑法第百三条ノ罪
九　海軍刑法第二十条、第二十一条及第二十五条ノ罪並其ノ未遂罪及予備又ハ陰謀ノ罪
十　海軍刑法第三十条乃至第三十四条ノ罪
十一　海軍刑法第五十五条乃至第五十七条ノ罪
十二　海軍刑法第七十一条及第七十二条ノ罪
十三　海軍刑法第百四条ノ罪
十四　治安警察法違反ノ罪但シ風俗ニ関スルモノヲ除ク
十五　新聞紙法違反ノ罪但シ風俗ニ関スルモノヲ除ク
十六　出版法違反ノ罪但シ風俗ニ関スルモノヲ除ク
十七　衆議院議員選挙法違反ノ罪及法令ヲ以テ組織シタル議会ノ議員ノ選挙ニ関シ同法ノ罰則又ハ大正十四年法律第四十七号衆議院議員選挙法ノ罰則ヲ準用スル法令違

反ノ罪
十八　前号ニ掲グル罪ト性質ヲ同ジクスル旧法ノ罪
十九　労働争議調停法第二十二条ノ罪
二十　明治三十三年法律第三十六号治安警察法第三十条ノ罪
二十一　朝鮮、台湾、関東州又ハ南洋群島ニ行ハルル法令ノ罪ニシテ前各号ニ掲グル罪ト性質ヲ同ジクスルモノ
第二条　前条ニ掲グル罪ニ該ル行為ニシテ同時ニ他ノ罪名ニ触ルル行為ノ手段若ハ結果タルトキハ赦免ヲ為サズ
附　則
本令ハ公布ノ日ヨリ之ヲ施行ス

（参照）
明治四十年四月二十四日公布法律第四十五号刑法抄録
第七十四条　天皇、太皇太后、皇太后、皇后、皇太子又ハ皇太孫ニ対シ不敬ノ行為アリタル者ハ三月以上五年以下ノ懲役ニ処ス
神宮又ハ皇陵ニ対シ不敬ノ行為アリタル者
第七十六条　皇族ニ対シ不敬ノ行為アリタル者ハ二月以上四年以下ノ懲役ニ処ス
第七十七条　政府ヲ顚覆シ又ハ邦土ヲ僣窃シ其他朝憲ヲ紊乱スルコトヲ目的トシテ暴動ヲ為シタル者ハ内乱ノ罪ト為シ左ノ区別ニ従テ処断ス
一　首魁ハ死刑又ハ無期禁錮に処ス

二　謀議ニ参与シ又ハ群衆ノ指揮ヲ為シタル者ハ無期又ハ三年以上ノ禁錮に処シ其他諸般ノ職務ニ従事シタル者ハ一年以上十年以下ノ禁錮に処ス
三　附和随行シ其他単ニ暴動ニ干与シタル者ハ三年以下ノ禁錮に処ス
前項ノ未遂罪ハ之ヲ罰ス但前項第三号ニ記載シタル者ハ此限ニ在ラス
第七十八条　内乱ノ予備又ハ陰謀ヲ為シタル者ハ一年以上十年以下ノ禁錮に処ス
第七十九条　兵器、金穀ヲ資給シ又ハ其他ノ行為ヲ以テ前二条ノ罪ヲ幇助シタル者ハ七年以下ノ禁錮に処ス
第九十条　帝国ニ滞在スル外国ノ君主又ハ大統領ニ対シ暴行又ハ脅迫ヲ加ヘタル者ハ一年以上十年以下ノ懲役ニ処ス
帝国ニ滞在スル外国ノ君主又ハ大統領ニ対シ侮辱ヲ加ヘタル者ハ三年以下ノ懲役ニ処ス但外国政府ノ請求ヲ待テ其罪ヲ論ス
第九十一条　帝国ニ派遣セラレタル外国ノ使節ニ対シ暴行又ハ脅迫ヲ加ヘタル者ハ三年以下ノ懲役ニ処ス
帝国ニ派遣セラレタル外国ノ使節ニ対シ侮辱ヲ加ヘタル者ハ二年以下ノ懲役ニ処ス但被害者ノ請求ヲ待テ其罪ヲ論ス
第九十二条　外国ニ対シ侮辱ヲ加フル目的ヲ以テ其国ノ国旗其他ノ国章ヲ損壊、除去又ハ汚穢シタル者ハ二年以下ノ懲役又ハ二百円以下ノ罰金ニ処ス但外国政府ノ請求ヲ待テ其罪ヲ論ス
第九十三条　外国ニ対シ私ニ戦闘ヲ為ス目的ヲ以テ其予備又ハ陰謀ヲ為シタル者ハ三月以上五年以下ノ禁錮ニ処ス但自首シタル者ハ其刑ヲ免除ス
第九十四条　外国交戦ノ際局外中立ニ関スル命令ニ違背シタル者ハ三年以下ノ禁錮又ハ千円

以下ノ罰金ニ処ス

明治四十一年四月十日公布法律第四十六号陸軍刑法抄録

第二十五条　党ヲ結ヒ兵器ヲ執リ反乱ヲ為シタル者ハ左ノ区別ニ従テ処断ス

一　首魁ハ死刑ニ処ス

二　謀議ニ参与シ又ハ群衆ノ指揮ヲ為シタル者ハ死刑、無期若ハ五年以上ノ懲役又ハ禁錮ニ処シ其ノ他諸般ノ職務ニ従事シタル者ハ三年以上ノ有期ノ懲役又ハ禁錮ニ処ス

三　附和随行シタル者ハ五年以下ノ懲役又ハ禁錮ニ処ス

第二十六条　反乱ヲ為ス目的ヲ以テ党ヲ結ヒ兵器、弾薬其ノ他軍用ニ供スル物ヲ劫掠シタル者ハ前条ノ例ニ同シ

第三十条　反乱者又ハ内乱者ヲ利スル為前三条ニ記載シタル行為ヲ為シタル者ハ死刑、無期若ハ三年以上ノ懲役又ハ禁錮ニ処ス

第三十五条　司令官外国ニ対シ故ナク戦闘ヲ開始シタルトキハ死刑ニ処ス

第三十六条　司令官休戦又ハ媾和ノ告知ヲ受ケタル後故ナク戦闘ヲ為シタルトキハ死刑に処ス

第三十七条　司令官権外ノ事ニ於テ已ムコトヲ得サル理由ナクシテ檀ニ軍隊ヲ進退シタルトキハ死刑又ハ無期若ハ七年以上ノ禁錮ニ処ス

第三十八条　命令ヲ待タス故ナク戦闘ヲ為シタル者ハ死刑又ハ無期若ハ七年以上ノ禁錮ニ処ス

第三十九条　本章ノ未遂罪ハ之ヲ罰ス

第五十七条　上官ノ命令ニ反抗シ又ハ之ニ服従セサル者ハ左ノ区別ニ従テ処断ス

一　敵前ナルトキハ死刑又ハ無期若ハ十年以上ノ禁錮ニ処ス

二　軍中又ハ戒厳地境ナルトキハ一年以上七年以下ノ禁錮ニ処ス

三　其ノ他ノ場合ナルトキハ二年以下ノ禁錮ニ処ス

第五十八条　党与シテ前条ノ罪ヲ犯シタル者ハ左ノ区別ニ従テ処断ス
一　敵前ナルトキハ首魁ハ死刑ニ処シ其ノ他ノ者ハ死刑又ハ無期禁錮ニ処ス
二　軍中又ハ戒厳地境ナルトキハ首魁ハ無期又ハ五年以上ノ禁錮ニ処シ其ノ他ノ者ハ一年以上十年以下ノ禁錮ニ処ス
三　其ノ他ノ場合ナルトキハ首魁ハ三年以上十年以下ノ禁錮ニ処シ其ノ他ノ者ハ五年以下ノ禁錮ニ処ス
第五十九条　暴行ヲ為スニ當リ上官ノ制止ニ従ハサル者ハ三年以下ノ禁錮ニ処ス
第七十三条　上官ヲ其ノ面前ニ於テ侮辱シタル者ハ三年以下ノ懲役又ハ禁錮ニ処ス
文書、図書若ハ偶像ヲ公示シ又ハ演説ヲ為シ其ノ他公然ノ方法ヲ以テ上官ヲ侮辱シタル者ハ五年以下ノ懲役又ハ禁錮ニ処ス
第七十四条　哨兵ヲ其ノ面前ニ於テ侮辱シタル者ハ二年以下ノ懲役又ハ禁錮ニ処ス
第百三条　政治ニ関シ上書、建白其ノ他請願ヲ為シ又ハ演説若ハ文書ヲ以テ意見ヲ公ニシタル者ハ三年以下ノ禁錮ニ処ス
明治四十一年四月十日公布法律第四十八号海軍刑法抄録
第二十条　党ヲ結ヒ兵器ヲ執リ反乱ヲ為シタル者ハ左ノ区別ニ従テ処断ス
一　首魁ハ死刑ニ処ス
二　謀議ニ参与シ又ハ群衆ノ指揮ヲ為シタル者ハ死刑、無期若ハ五年以上ノ懲役又ハ禁錮ニ処シ其ノ他諸般ノ職務ニ従事シタル者ハ三年以上ノ有期ノ懲役又ハ禁錮ニ処ス
三　附和随行シタル者ハ五年以下ノ懲役又ハ禁錮ニ処ス
第二十一条　反乱ヲ為ス目的ヲ以テ党ヲ結ヒ兵器、弾薬其ノ他軍用ニ供スル物ヲ劫掠シタル者ハ前条ノ例ニ同シ

第二十五条　反乱者又ハ内乱者ヲ利スル為前三条ニ記載シタル行為ヲ為シタル者ハ死刑、無期若ハ三年以上ノ懲役又ハ禁錮ニ処ス
第三十条　指揮官外国ニ対シ故ナク戦闘ヲ開始シタルトキハ死刑ニ処ス
第三十一条　指揮官休戦又ハ媾和ノ告知ヲ受ケタル後故ナク戦闘ヲ為シタルトキハ死刑ニ処ス
第三十二条　指揮官権外ノ事ニ於テ已ムコトヲ得サル理由ナクシテ檀ニ艦船、軍隊ヲ進退シタルトキハ死刑又ハ無期若ハ七年以上ノ禁錮ニ処ス
第三十三条　命令ヲ待タス故ナク戦闘ヲ為シタル者ハ死刑又ハ無期若ハ七年以上ノ禁錮ニ処ス
第三十四条　本章ノ未遂罪ハ之ヲ罰ス
第五十五条　上官ノ命令ニ反抗シ又ハ之ニ服従セサル者ハ区別ニ従テ処断ス
一　敵前ナルトキハ死刑又ハ無期若ハ十年以上ノ禁錮ニ処ス
二　戦時又ハ艦船救護ノ為緊要ノ方略ヲ為ス際ナルトキハ一年以上七年以下ノ禁錮ニ処ス
三　其ノ他ノ場合ナルトキハ二年以下ノ禁錮ニ処ス
第五十六条　檀与シテ前条ノ罪ヲ犯シタル者ハ左ノ区別ニ従テ処断ス
一　敵前ナルトキハ首魁ハ死刑ニ処シ其ノ他ノ者ハ死刑又ハ無期禁錮ニ処ス
二　戦時又ハ艦船救護ノ為緊要ノ方略ヲ為ス際ナルトキハ首魁ハ無期又ハ五年以上ノ禁錮ニ処シ其ノ他ノ者ハ一年以上十年以下ノ禁錮ニ処ス
三　其ノ他ノ場合ナルトキハ首魁ハ三年以上十年以下ノ禁錮ニ処シ其ノ他ノ者ハ五年以下ノ禁錮ニ処ス
第五十七条　暴行ヲ為スニ當リ上官ノ制止ニ従ハサル者ハ三年以下ノ禁錮ニ処ス
第七十一条　上官ヲ其ノ面前ニ於テ侮辱シタル者ハ三年以下ノ懲役又ハ禁錮ニ処ス
文書、図書若ハ偶像ヲ公示シ又ハ演説ヲ為シ其ノ他公然ノ方法ヲ以テ上官ヲ侮辱シタル者

ハ五年以下ノ懲役又ハ禁錮ニ処ス
第七十二条　守兵ヲ其ノ面前ニ於テ侮辱シタル者ハ一年以下ノ懲役又ハ禁錮ニ処ス
第百四条　政治ニ関シ上書、建白其ノ他請願ヲ為シ又ハ演説若ハ文書ヲ以テ意見ヲ公ニシタル者ハ三年以下ノ禁錮ニ処ス
大正十五年四月九日公布　法律第五十七号労働争議調停法抄録
第十九条　第一条第一項ニ掲クル事業ニ於ケル労働争議ニ関シ第二条ノ規定ニ依ル通知アリタルトキハ現ニ其ノ争議ニ関係アル使用者及労働者並其ノ属スル使用者団体及労働者団体ノ役員及事務員以外ノ者ハ第九条ニ規定スル調停手続ノ結了ニ至ル迄左ニ掲クル目的ヲ以テ其ノ争議ニ関係アル使用者又ハ労働者ヲ誘惑若ハ煽動スルコトヲ得ス
一　使用者ヲシテ労働争議ニ関シ作業所ヲ閉鎖シ、作業ヲ中止シ、雇傭関係ヲ破毀シ又ハ労務継続の申込ヲ拒絶セシムルコト
二　労働者ノ集団ヲシテ労働争議ニ関シ労務ヲ中止シ、作業ノ進行ヲ阻害シ、雇傭関係ヲ破毀シ又ハ雇傭継続ノ申込ヲ拒絶セシムルコト
第二十二条　第十九条ノ規定ニ違反シタル者ハ三月以下ノ禁錮又ハ二百円以下ノ罰金ニ処ス
明治三十三年三月十日公布　法律第三十六号治安警察法抄録
第十七条　左ノ各号ノ目的ヲ以テ他人ニ対シテ暴行、脅迫シ若ハ公然排毀シ又ハ第二号ノ目的ヲ以テ他人ヲ誘惑若ハ煽動スルコトヲ得ス
一　労務ノ条件又ハ報酬ニ関シ協同ノ行動ヲ為スヘキ団結ニ加入セシメ又ハ其ノ加入ヲ妨クルコト
二　同盟解雇若ハ同盟罷業ヲ遂行スルカ為使用者ヲシテ労務者ヲ解雇セシメ若ハ労務ニ従事スルノ申込ヲ拒絶セシメ又ハ労務者ヲシテ労務ヲ停廃セシメ若ハ労務者トシテ雇傭

スルノ申込ヲ拒絶セシムルコト

三　労務ノ条件又ハ報酬ニ関シ相手方ノ承諾ヲ強ユルコト

耕作ノ目的ニ出ツル土地賃貸借ノ条件ニ関シ承諾ヲ強ユルカ為相手方ニ対シ暴行、脅迫シ若ハ公然排毀スルコトヲ得ス

第三十条　第十七条ニ違背シタル者ハ一月以上六月以下ノ（重禁錮）ニ処シ（三圓以上三十圓以下ノ罰金ヲ附加ス）使用者ノ同盟解雇又ハ労務者ノ同盟罷業ニ加盟セサル者ニ対シテ暴行、脅迫シ若ハ公然排毀スル者亦同シ

朕減刑令ヲ裁可シ茲ニ之ヲ公布セシム

御　名　御　璽

昭和二年二月七日

内閣総理大臣　若槻礼次郎
陸　軍　大　臣　宇垣　一成
海　軍　大　臣　財部　彪
外務大臣　男爵　幣原喜重郎
文　部　大　臣　岡田　良平
内務大臣臨時代理
逓　信　大　臣　安達　謙蔵
逓　信　大　臣　安達　謙蔵

司　法　大　臣　　江木　　翼
大　蔵　大　臣　　片岡　直温
鉄道大臣　子爵　　井上匡四郎
農　林　大　臣　　町田　忠治
商　工　大　臣　　藤沢幾之輔

勅令第十二号
　減刑令
第一条　昭和元年十二月二十五日前刑ノ言渡ヲ受ケタル者ニシテ其ノ刑ノ執行前、執行猶予中、執行中、執行停止中又ハ仮出獄中ノモノハ本令ニ依リ其ノ刑ヲ減軽ス但シ其ノ執行ヲ遁ルル者ハ此ノ限ニ在ラズ

昭和三年　戊辰（つちのえたつ）　西暦一九二八年

○赤い蘭

聖師様が聖地で赤い色の蘭を色紙や短冊にお書きになったのを見て、皆が笑ったことがありました。琉球巡教の時にあるところに赤い蘭がありました。聖師様は「王仁が赤い蘭を書いた時に皆が笑っていたが、王仁は見て書いているのや。王仁の書いた事は皆見ているので嘘はないのや」と教えられました。

（昭和三年一月　山川日出子氏拝聴）

○風呂の水

昭和三年一月、琉球巡教のおりに、素朴な人たちが聖師の入浴された風呂の湯を飲むので、聖師は「王仁は奇麗に洗って這入《はい》るわ」と言われて垢を落とさぬようにされました。聖師入浴後は近侍の人が這入ろうとすると一滴の湯水もありませんので聞きますと、皆がわけて持ち帰りましたから、またすぐ沸かしますといって改めて沸かしてくれるという次第でありました。

（山川日出子氏拝聴）

○王仁は人の長所を使う

大本の大幹部の人たちが聖師様に「誰それは悪い」とお届けしたら「人間は皆欠点がある。人間は自分の言う事を聞かぬから悪いと言うのだろう。人間の短所を見るからいけない。王仁は人の長所を使う」

（昭和三年　山川日出子氏拝聴）

○絨緞の色

（亀岡天恩郷の高天閣に絨緞《じゆうたん》を敷く時の聖師の御注意）

絨緞の色は天火結水地の順序によって、足の下に敷くから青はいけない。また赤白の縞《しま》もいけない。赤は太陽、白は月であるから、黄色か黒がよい。足の下に青や赤白の縞のものを敷くとひっくりかえる事が出来る。

（昭和三年二月七日　高天閣竣成の時）

○天然笛

昭和三年五月、愛媛県の大洲《おおず》の肱川《ひじかわ》河原で、聖師様が山川日出子さんへ天然笛をひろって吹いて下さって教えられた。

「奇麗な心持ちで吹けば、産土《うぶすな》の神様が来られるし、邪念のある場合は悪霊が障子をゆさぶってやって来る」

（大洲市市制　昭和二十九年九月一日）

○間違った祈り

昭和三年、聖師様の琉球巡教のお伴をした時のことであります。ある支部でカバンの鍵を忘れて次の支部へ着きました。

聖師様は「お前はねとぼけた」と言われるし、いよいよトランクを開けねばならぬようになりましたので、いつも歯が悪いので歯がいたまぬようにお祈りしていますが、その時は「歯がどんなにうずいてもよいから、このカバンを開けさせて下さい」と一生懸命お願いしてるところに、そこの支部の人がカバンを借して下さいと言いますので、さわりますとすぐ開きました。パッと開いたらたちどころに歯がいたくなりました。

そのことを聖師様に申し上げますと「神様が罰するのじゃない。悪霊が隙を見て這入《はい》るのじゃ。これからはそんなお願いをするな、鎮魂してやろう」と言われて鎮魂して下さるとすぐ直りました。

（山川日出子氏拝聴）

○地下の龍神

大地の下に龍神が十六体いる。これに号令すればいろいろの現象をおこす。

（昭和三年七月　明光殿にて）

○大化物五十六歳七カ月

「筆先に三千世界の大化物（聖師）が現はれて云々と言ふ事があるが（中略）兎も角大化物が満五十六年七カ月に成った暁を視て居れば良いのである」（『神霊界』大正八年八月十五日号「随筆」）と示されていたが、神示により昭和三年三月三日に、綾部の至聖殿において、五十六歳七カ月の弥勒下生の報告祭を奉仕された聖師は「万夜の常世の暗もあけはなれ弥勒三会の暁清し」と朗詠された。これがみろく大祭の嚆矢《こうし》である。

このみろく大祭は、聖師が大本事件によって、大正十年二月十二日以来、昭和二年五月十七日大審院において免訴の申渡しを受けて、始めて表面にたって、活動を開始された実にめでたい日であった。

ところが、検察当局によって、このみろく大祭を国体変革の秘密結社の結成と枉《ま》げられて、大弾圧を受くることとなる。大本第二次事件の証拠とされる。

○月宮殿

昭和三年十月二十七日、瑞月門完成、三十日、月宮殿完成。十一月十二日旧十月一日、月宮殿ご神体を聖師、二代教主以下三十六名、綾部から徒歩にて亀岡へ奉送。月宮殿ご神体鎮祭（みろく石、月昇石、日昇石、三光石、暁星石、宵星石）十三日、長生殿地鎮祭。十六日旧十月五日、月宮殿竣成式。

聖師のお歌

岐美《きみ》が代《よ》は千代《ちよ》万代《よろづよ》に動かざれと石もて造りし月宮殿かな　王仁

最奥霊国の月の大神の神殿を地上の霊国の亀山に遷座された。

（参照）『霊界物語』第二十一巻第三章「月休殿」。第四十八巻第十二章「西王母」。第十三章「月照山」。『水鏡』「月宮殿の宝座」「地上に移写すオリオン星座」。歌集『霧の海』「瑞月門」「オリオン星座」

○三三三と七七七

「綾部の至聖殿で昭和三年三月三日にみろく大祭を奉仕いたしましたのは、七を重ねるのは大凶悪数でありますから七七七に三三三を加えて十十十として祝ったのであります」

右は聖師がみろく大祭の意義について、昭和十三年の京都地方裁判所で庄司直治裁判長に答えられた言葉である。昭和十二年（西紀一九三七年、皇紀二五九七年）の七月七日、盧溝橋《ろこうきょう》の支那事変に対する答えである。西紀も、皇紀も、七七七と重なるので、三三三を加えて十十十と神の数として、世界の厄難を祓わんとされた。

昭和六十二年七月七日は盧溝橋事件より五十周年である。感慨無量である。世界人類の真の幸福と平和を祈られた聖師のおもかげが見えるようである。盧溝橋の橋の柱は皆、擬宝珠《ぎぼうし》の代わりに、獅子頭でかざられている。意味深重である。『霊界物語』では、杢助《もくすけ》、時置師神《ときおかしのかみ》、岩彦《いわひこ》、木花姫命《このはなひめのみこと》がライオンにまたがって、善を助け、悪をこらしたまうのである。昭和六十二年は西紀一九八七年であり、皇紀二六四七年である。旧七月七日は、新の八月八日で、神集祭第二日目である。

○弥勒出生

弥勒出生　王仁　（横額の右の上の版は凹版で天恩無極。王仁の下に凹版の伊都能売。その下に凸版の五十鈴川《いすずがわ》がある）　（昭和三年）

○大本神歌（聖師の生母上田よね）

『神の国』昭和三年七月号

呉竹の伏水の里に通ひたるひとり女のいさを生れけり
神の子を腹に宿して育てたるひとりの女世の根なりけり

○芦別山から四王の峯に

永遠に御代を守らす大神のみあらかなれや芦別の山
芦別の山を立ち出で四王の峯にうつらす常立《とこたち》の神
芦別の山にはいかし四王の神山にやさし元津大神《もとつおほかみ》
芦別の山の尾根より四王の山につづける黄金橋はも

（出口王仁三郎第十一歌集『山と海』空知川《そらちがわ》　二八九―二九〇頁）

聖師は昭和三年八月二十六日旧七月十二日の誕生日を北海道で迎えられ、芦別山《あしわけやま》に隠退したまいし国常立尊《くにとこたちのみこと》の神霊を四王山に奉迎された。四尾山《よつおやま》、世継王山《よつおうざん》とも称する。

聖師はさきに大正十二年八月二十三日旧七月十二日を、熊本県阿蘇郡小国町杖立温泉にて迎えられ、七月十二夜の月を仰いで竹の杓子に

万有の身魂をすくう此釈氏心のままに世人す九へよ　王仁

この杓子吾うまれたる十二夜の月のかたちによくも似しかな　王仁

と染筆して、大本の神器とさだめられたことに相応する大経綸であった。

○玉芙蓉

東洋卓立玉芙蓉　萬古千秋不改容　鮮岳清山朝揖処　五洲高聳此仙峯

戊辰初冬　王仁

昭和四年　己巳（つちのとみ）　西暦一九二九年

○心

清心寡欲　昭和己巳夏　王仁書　（昭和四年）
（昭和二十五年十二月三十日の大本天恩郷の事務所の火災で焼失した）

○夏

生気漲松翠園之夏　王仁

○瑞雲

瑞雲様樹　王仁

○運動は方便

こんな運動なんかいらんのだけど、今の人間を救うには今はいるのである。方便である。

(昭和四年　土井靖都氏拝聴)

○人形矢

鷹が人の子供をとって食う。二人とって食うと鷹の羽に人間の形が出来る。その鷹の羽で造った矢を人形矢《にんぎようふ》という。この矢は金鉄でも射ぬくことが出来る。

(昭和四年十月　朝鮮平壌にて　山田政吉氏拝聴)

○聖師　再度アジア大陸へ

中国道院および世界紅卍字会の訪日、大本来訪、さらに大本と道院の合同に答えて、聖師は二代教主をともなって、昭和四年十月十二日旧九月十日出発。二十一日長春、二十三日ハルピン着、三十日旧九月二十八日帰郷された。途中、大正十三年六月、パインタラ遭難の時の聖師を救出した元の領事館の書記生土屋波平氏に謝辞をのべ、記念品を手交された。聖師の円熟した風貌にただただ感激された。

聖師の大正甲子十三年二月十三日からの蒙古入りは、天職である火の洗礼をアジア大陸から全世界に施すためであった。昭和四年十月に再度の朝鮮半島、中国大陸への巡教は、火の洗礼の大神業を本格的に断行するためであった。

昭和五年　庚午（かのえうま）　西暦一九三〇年

○穹天閣

穹天閣《きゆうてんかく》（本宮山上）は迎え火をたいているのだ。再興してるのにまだ取り壊しに来ぬかと言うことで、取り壊しの時の疵跡（柱）をわざと見せてあるのである。

（昭和五年四月三日　完成式）

○仏足頂礼

（昭和五年九月二十三日秋分の日、壱岐から出発して対島灘を航行中）

「王仁もな、皆さんがあんまをしてくれるというてしてくれるので疲れが直るが、それは手の指先から霊気が放射するからである。また足の指先からも霊気が放射するものじゃ。昔印度《インド》では釈尊の足から額に霊気を入れてもらったものじゃ。それを仏足頂礼というのじゃ」

○琵琶湖の神秘

小々波の志賀の近江は人の祖の生れし貴国神の守《も》る国
琵琶の湖の永久の神秘の明らけく世に光る時松の世楽しも

（『神の国』昭和五年十一月号「言華」六頁）

○宣伝

宣伝は足を運ぶことである。

（昭和初年　渡辺宗彦氏拝聴）

○不美人

美人だけど薪に醤油をかけてダシを出したようだ。

（昭和初年）

○昭和五年五月五日

昭和五年五月五日に、神示によって本部をはじめ全国一斉に神殿および祠宇《しう》のお扉が開かれたが、本年即ち昭和十年十月十日に再び神示があって、透明殿や光照殿の門が一斉に開放された。これは神秘的行事に対して即ち人間界の神業が五年遅れていることを神界からお示しになったものである。

○昭和元旦

傑立大瀛濱　蛟龍所呵護　風濤打不騫　儼若皇基固

昭和元旦　王仁

○忠孝

忠孝義烈　王仁　⊙

○天恩

天恩無極　王仁　⊙⊙

昭和六年　辛未（かのとひつじ）　西暦一九三一年（皇紀二五九一年）

○ムッソリニー

ムッソリニーはお月様が嫌いだから駄目だ。
（昭和六年）

○誠の神の声を聞け

（『霊界物語』第二十八巻の）「月光いよいよ世に出でて」の宣伝歌中に「四方《よも》の国より聞え来る、誠の神の声を聞け」とあるのは、大本の誠の神の教がこちら（大本）から向う（外国）へ行って、向う（外国）より（手真似して）聞こえてくる誠の神の声を聞けということだ。
（月日不祥　桜井重雄氏拝聴）

（参照）『霊界物語』第三十二巻第十三章「平等愛」

○誠の力は世を救う

宣伝歌を発表してから「誠の力は世を救ふ」の意味を聞きに来る者は一人もないが判ってい

るのか。誠とはマツタキコト、マツタキコトバで真の神と聖言のことである。人間の誠で世の中が救われるはずがない。

（昭和六年　桜井重雄氏拝聴）

○乳の出る薬

銀杏の葉七枚煎じて飲むと乳が出るようになる。十枚煎じて飲むとカリエスにきく。

○大本宣伝使と鉱山

宣伝使（大本）は鉱山をやってはいけない。神様の横腹に穴をあけるような事をしてはいかぬ。

（昭和六年頃）

○護国神社（大本九州別院）

聖師様の命で大本九州別院に、神風党、西郷隆盛翁、真木《まき》和泉守《いずみのかみ》などお祭りして、護国神社と命名されました。毎日天津祝詞《あまつのりと》をとなえ礼拝していました。ところが奉仕の青年が喧嘩ばかりしますので聖師様に「なぜでしょうか」とお伺いしますと「霊が喜んで皆にかかって暴れるのであるから、護国神社には『惟《かむながら》　神霊幸倍坐世《たまちはえませ》』とお唱えする事」と教えられました。

（昭和六年頃　松浦教友氏拝聴）

昭和三年正月、聖師は奄美大島で西郷南洲の精霊に親しく会われてから、九州別院に護国神社を創建。

○幕は嫌い

幕を張ることは王仁は嫌いである。陣屋をつくる時に幕をはったからで、幕は汚いものをかくすために、はったものである。腰巻も同じである。幕を張ることはバラモンのやり方である。帷幕《いばく》に参ずるというように、今までは幕の中で政治をしたものである。王仁は幕の中でやることは嫌いである。

（昭和六年八月二十四日　天恩郷に更生館完成の時）

○筆のしづ九（聖師執筆）

天声社から昭和六年頃に、聖師が明治三十六年に執筆された『筆のしづ九』をまとめて出版させて頂きたいとお願いしたら「『筆のしづ九』は出版しないように」とお許しが出ませんでした。

（波田野義之氏拝聴）

○九月八日に鶴山宝座に三体の建碑

聖師は昭和六年八月二十五日旧七月十二日、満六十歳を迎えて、更生祭の祝賀を感謝された。神示によりて大正十二年十二月九日に鶴山に引きあげ、大本教旨「神は万物普遍の霊にして人は天地経綸の大司宰也神人合一して茲に無限の権力を発揮⊙」を刻んで、文字面を伏せておかれた巨石を右側に、中央には大本開祖の初発の神声「うぶこえ　三ぜんせかいいちどにひら九うめのはな　もとのかみよにたてかへたてなおすぞよ　すみせんざんにこしをかけうしとらのこんじんまもるぞよ　めいぢ二十五ねんしようがついつか、で九ちなお」と刻まれた神声碑、左側には「盛なりし官居の跡のつる山にやまほととぎす昼よるを啼く　よしやみは蒙古のあらのに朽るともやまと男の子の品は落さじ　昭和六年七月十二日　出口王仁三郎」の回顧歌碑を九月八日に建てられた。

聖師は「これが建ったら満洲から世界が動き出す」と語られました。たちまち十八日に満洲事変おこる。聖師はさらに「『瑞能神歌《みづのしんか》』の実現期に入った」と語られた。たちまち『瑞能神歌』は発売禁止となった。

昭和七年　壬申（みづのえさる）　西暦一九三二年

○地汐

「神示の宇宙」にある地汐（昭和七年節分後、聖師様が元は「地月」とありしを改めて）は「ちげき」と読むのである。

（昭和七年）

（参照）『霊界物語』第四巻第四十六章乃至第五十章

○宣伝神と宣伝使

大洪水前は宣伝神と書き、大洪水後は宣伝使と書く。どちらも「せんでんし」と読むのである。

（昭和七年）

（参照）『霊界物語』第五巻第十八章乃至第六巻第十六章。第六巻第三十三章乃至第七十二巻。

○万祥殿（亀岡天恩郷）

鋸形の家でもよい。人間製造の会社だから。

（昭和七年二月　渡辺宗彦氏拝聴）

○ようお参りやした

昭和七年八月、木庭は熊本県立師範学校の第一部第二学年の夏休みを利用して、出口聖師の生誕祭に参拝し、大本本部の七日間の初修行をおえて、綾部の聖地で聖師の誕生のお祭りを迎えました。お祭りがすんでから「ご面会の方はお山の穹天閣へすぐおいで下さい」とのことに、私は思わず本宮山に登り、穹天閣で聖師に御面会致しました。十数名の面会者が前に坐りますと、丁寧に会釈されて「皆さんようお参りやした」と優しい女のくさったような声で申されますので、まったく私はドギモをぬかれてしまいました。数え年十六歳の私としましては、出口王仁三郎という名前からして、六尺以上もある方で「よくぞ参ったよな」と大きな声でおっしゃると信じていましたので、お面お籠手お胴、と同時にやられたのと同様でありました。

（昭和七年八月十三日旧七月十二日）

その数日前、亀岡で七日間の講話をきき、この時、月宮殿参拝、熊本より献納した仁王様を拝す。更生館での面会では、前をただ頭をさげて通りました時は、赤鬼のように立っておられた聖師が、白い顔であまりに優しい姿に二度びっくりしたのです。

○姿が見えぬ

王仁の姿が見えなくなっても心配せぬように、その時つれて行く人も人数もきまっている。

（昭和七年八月十三日旧七月十二日　生誕祭　長生殿礎石上）

○武

雷　撃　電　飛　壬申秋　王仁

（昭和七年秋）

○九州は竜体の頭

九州は竜体の頭である。九州は熊本が開けぬと開けないからしっかりやってくれよ。

（昭和七年　松浦教友氏拝聴）

○蜂を払う法

こうしたら（人差し指を曲げて第一節を親指に直角にあてて）蜂をさわってもささぬ。

（昭和七年　九州別院にて　松浦教友氏拝聴）

○大きな金かし

亀岡の有名な○○という金貸しの人が聖師様を訪ねて（昭和七年天恩郷の盛況を見て）「貴方はこれだけのものがよく造れましたなあ」と申しますと、左の如くお答えになりました。

「王仁かて金貸しや。あんたはんは金を貸して証文をかいて、期限付きで利息をとられる手続をされますが、王仁は少しも覚えてもおらんけれど時がきたら万倍になって、こんなになって帰って来るのや。王仁かて大きな金貸しみたいなもんや。

（波田野義之氏拝聴）

○江州はユダヤの型

昭和七、八年頃、聖師様が「天風海濤」と書かれました。その頃、琵琶湖があれて舟が顚覆したり水が赤くなったりしたことがありました。聖師様は「ユダヤの竜神と日本の竜神との戦いであった。江州はユダヤの型でここが開けんと世界は開けん。宣伝歌を歌って、琵琶湖を一周するように」と教えられました。

○エンゼル

善をすると音がするその瞬間に前頭が明るくなるのは、それはエンゼルが感応するのだ。

問　聖霊が鳩のごとく降るということは。

答　高級のエンゼルが降ること。

（昭和七年）

○雄弁大会

昭和青年会で話術の奨励のために弁論大会を開くことになりました。聖師は「弁護士の大会でないから、雄弁大会とするように」教えられました。

（昭和七年）

○講演には流行語を三つ

講演には流行語を三つを使用すること。二回まで。

（昭和七年　中村純也氏拝聴）

（聖師口述の『霊界物語』の中に新しい言葉を採用されているが、必ずその巻に二回使用されている。聖師の語られることは三世貫通であり、活歴史に立脚し、すべてが大本教理の精髄であることに驚くのである。片言隻語や如是我聞《によぜがもん》ではない）

（参照）『霊界物語』第五巻第十八章「宣伝使」

それらの神人は、天教山の中腹青木ヶ原《あをきがはら》の聖場に会し、野立彦命《のだちひこのみこと》の神勅を奉じ、天下の神人を覚醒すべく、予言者となりて世界の各地に派遣せられた。その予言の言葉にいふ。

『三千世界一度に開く梅の花、月日と土の恩を知れ、心一つの救ひの神ぞ、天教山に現はれる』

以上の諸神人《しよしん》はこの神言《かみごと》を唱へつつ、あるひは童謡に、あるひは演芸に、あるひは音楽にこと よせ、千辛万苦して、ひそかに国祖の予言警告を宣伝した。

（大本活歴史によれば明治二十六年、大本開祖は座敷牢で神使白狐高倉稲荷が「推量節を外国にひろめに行くことを知りて喜びたぞよ」とある）

○ウーピー

聖師は常に流行語は神の啓示として、歌に論説に、講演に使用される。毎月発表される歌による予言、警告には必ず流行語が使われている。編輯人はまず流行語を、歌によって知らされる。ところが、「ウーピー」という言葉が出てきた。編輯課長の『霊界物語』の筆録者桜井重雄氏は早稲田大学の英文科出身であるので早速《さつそく》に、英語か何国語かと調べたが、どうしても判

らない。苦心の結果、アメリカの流行語であることが判った。（昭和七年）

（参照）『神の国』昭和七年十二月号「言華」

悲観的思想をすててウーピーの神のよさしの楽天にかへれ　王仁

歌集『霧の海』

ウーピーの神出でますといふ声の何処《いづく》ともなくきこえ来にけり

ウーピーの神はいづれにましますかととへば女神は君よと宣《の》らせる

○鶏頭（系統）

聖師が穹天閣の庭に鶏頭を植えられたのが庭に繁茂しました。○○○○が「鶏頭（○○）はいかぬ」と刈り捨てられました。聖師は「系統（鶏頭）は大切にしなければならない」と教えられた。

昭和八年　癸酉（みづのととり）　西暦一九三三年

○大地の大変動

こうした大地の大変動によって世界は六回泥海になっている。次に変動があれば七回目である。

（人類愛善新聞　昭和八年二月中旬号）

○神威

神威光照万界之闇

（昭和八年九月　王仁）

○予言と神の経綸

九鬼〇〇氏が昭和八、九年頃、大阪毎日新聞に四段ぬきで日米戦争の予言を出したので、聖師に桜井重雄氏がお伺いすると、「これはほんまや。しかしこれを発表したら神界の邪魔になるから、仕組を神様が一寸《ちよつと》変えてしまう」と教えられた。

○皇道大本復活

昭和八年一月二十六日旧一月一日の元旦祭を期して、聖師は大本を皇道大本に復活。

○聖師が言霊学を講義

聖師は十二年ぶりに大祥殿講師として演壇に立ち、言霊学の講義。

（昭和八年一月二十八日旧正月三日）

○聖師の生母様昇天

昭和八年六月二十日午前九時十分、穴太の聖師の生母は聖師に抱かれながら神言奏上の終る時安らかに昇天。旱天続きの南桑の山野も打ち曇り雨けぶる。二十一日聖師は早朝御出まし、終日斎場準備の工作を御指図。葬祭に言霊歌二首で雨をはらす。

生母様の御遺骸は奥の四畳間の御間に安置され次の四畳、御神前の六畳の二間は見舞の客にて埋めつくされる。真実此処《ここ》が聖師様の生家、生母八十二年間の御住居かと感慨量無く纔《わずか》に思ひを将来に馳せ、みな自に詫るものの如くである。

はゝそはの母のはふりの今日の日を霽《は》らさせ玉へ水分の神　王仁

はゝそはの母のはふりの一時を雨はらしませ天地の神　王仁

（参照）『真如の光』総第二七九号　昭和八年七月三日発行　八頁　御生母様の御昇天。聖師パ

○海洋万里行　王仁　（言霊歌碑　昭和八年八月三日　出口王仁三郎）

私は昭和八年七月、熊本県立師範学校第一部第三学年を休学して、出口日出麿師の助言で、大本の神業に参加することとなり、九州別院に奉仕した。人類愛善新聞七十万突破を目指す時である。

聖師は九月八日の九州別院の言霊歌碑「言霊の誠を筑紫の島ヶ根に生かし照らさむ惟神吾は王仁」の除幕式に臨むために立ち寄られた。聖師は「非常時には祝詞《のりと》も早く奏上したいと思います」と語られた。愛善新聞の拡張奉仕隊の私は、揮毫された横書きの「海洋万里行　王仁」を頂く。

ちょうどその折に、聖師から冠句天の巻「うらおもて一分一厘穴無教《あなないきょう》」「いそがしい三千年の大晦日」二巻を頂いていたので、「穴無教」の天の巻に◉《ス》の拇印を捺《お》して頂く。

○霊界物語一頁を三人の学者が研究

『霊界物語』の一頁を三人の学者が研究するようになる。

昭和九年　甲戌（きのえいぬ）　西暦一九三四年

○八坂瓊の勾玉

八坂瓊《やさかに》の勾玉《まがたま》とはどんなことかというと、丸い玉もあれば、楕円《だえん》形の玉もあり、管玉もあり、菱形のもあり、百の種類があり、色も一つ一つ違うのを、一本の糸で通してあるという意味は、神様は長所を生かして使われるということである。統一するということである。

（昭和九年九月二十一日　佐賀県大本有田分院）

○大阪の風水害

昭和九年九月二十一日の関西地方大暴風雨（室戸台風）の時、聖師は大本九州別院におられたが「王仁がいたから、九州は助かった」と語られるので「今後は」とおたずねすると「しかし今後は知らぬ」と申された。

○世の中が動く時

内宮（伊勢）の方面で五、六軒の信者が出来る。その頃になると日本は大変なことになって、世の中が動く時だ。（昭和九年十一月十五日、昭和神聖運動で聖師が皇太神宮参拝の折、内宮の近くの岩戸屋という旅館に休養された時のお話）

（参照）『神聖』昭和十年一月号「随筆」三頁

○蒙古別

（『霊界物語』第一巻を『出口王仁三郎全集』第三巻に掲載する際に初版を用いたので）

猛虎別《もうこわけ》は蒙古に行ったから、蒙古別と改めてあるからそのようにしてくれ。

（大本横浜別院にて　昭和九年　波田野義之氏拝聴）

○んを改む

（王仁校正の最終の校正への注意として）

『霊界物語』の中の「ん」という言葉は、言霊学にはないから「ぬ」「む」と改めてくれ。

（大本横浜別院にて　昭和九年　波田野義之氏拝聴）

○のであるは嫌い

（王仁校正の最終にあたり注意事項として）

『霊界物語』の中の「のである」は嫌いだから改めてくれ。

（大本横浜別院にて　昭和九年　波田野氏拝聴）

○神はかからぬ

なんと言ってるんだい。普通の人間に神がかかるかい。皆な狐と狸だ。

（昭和九年）

○　○○内閣

「○○が内閣を取る時が来てるのに大臣になる人物がいない」と涙を流しながら語られた。

（昭和九年頃　桜井同仁氏拝聴）

○乗物の速度と寿命

乗物の速度が人体の呼吸と血液の循環と五大父音と調和しない時は寿命を縮める。自転車などもヒヤッとすることがあるから、心の火が消えるので寿命に影響する。も少し発達してそんな事がなくなればよいのである。

（昭和九年）

○東京

東京はハキダメやぜ。　（昭和九年　東京にて）

○天国は上り易く地獄は落ち難し

主神以一霊　四魂造心賦　之活物地主　以三元八力　造体与之万　有故守其霊　者其体守其体者其霊有　他神非守之　也斯即上帝　之命永遠不　易　道にある者は　天国に上り易く　地獄に落ち難し　昭和九年七月七日　出口王仁⊙

（参照）『霊界物語』第五十二巻第九章「黄泉帰《よみがへり》」

○昭和神聖会と神聖神社

聖師は「人類愛善新聞が百万部出たら神が表にあらわれる」と言われていた。昭和九年三月八日に三月三日号をもって百万部の拡張達成。聖師から「以百万神士欲雄飛天下」の色紙を新聞社とアジア本部へ贈らる。記念に聖師像の徽章を大本信徒全員に贈らる。

ここに昭和神聖会が創立されて、東京の九段の軍人会館において七月二十二日に発会式を開催さる。聖師は誕生地穴太宮垣内に、明治三十一年二月九日の高熊山の神勅によって十二月二十九日鶴殿君といわれた大宮守子様の大正一年に献上された玉鏡剣を御神体として建立された神聖神社を昭和神聖運動の中枢として、日本全国へ神聖皇道宣布の大活動を展開された。

皇神のみたてと四方をかけめぐり神聖会を創立なしたり　王仁　（昭和十年十一月）

神聖のよさし給ひし神聖会は神のまにまに動くべきなり　王仁　（昭和十年十二月）

『大本神諭』の「これ丈知らしたら、世界に何事がありても、神と出口を恨めて下さるなよ」の実現であり、出口王仁三郎聖師自ら日本国民に直接に、宇宙大本神にます独一真神《どくいっしんしん》の神教を、伝達されるための大神業の実践であった。神聖運動は『大本神諭』の実行であった。

○日本及世界の病原

天地の神明《しんめい》は余に日本及世界の病原は何処にあるかを語るべき言葉を授け給ふた。（『統管随筆』第一編　昭和九年九月二十八日長崎丸船中に於て。昭和九年十月九日発行。十月二十日再版）

○聖師日和

余が身辺には種々雑多の奇蹟あり。中にも俗眼に最も判り易き奇蹟は、入道以来三十七年間只の一回も吾旅行に当り降雨なく日本晴の好天気なる事なり。偶々《たまたま》降雨ある時は乗車中又は就寝中にして覚醒中に雨に遇ひし事皆無なり。天神地祇常に余が身辺を守らせ給ふその仁慈洪徳に感謝措く能はざるもの也。（大本本部では聖師が外に出られると必ず快晴になるので、快晴を聖師日和と称した）

（『統管随筆』第二編　昭和九年十月二十四日紫雲郷　昭和九年十一月二十四日印刷　十一月二十八日発行）

○紅顔で講演

熊本市公会堂で昭和神聖会九州本部の発会式が開催されました。昭和九年九月二十四日の事でした。いよいよ統管出口王仁三郎聖師の講演となりました。「世界に真の平和が実現するまでは生命の続く限りに働かして頂きます」と結ばれました。その間、演壇のある限り歩き回って処女のごとく紅顔になって恥じらいながら語られました。講演がおわりますと、「今日は動かなかっただろう」と言われるのです。何万回講演、座談をなされた聖師にして初心そのままでありました。

○水声

水声滔々　王仁

○流水

流水潺々《せんせん》　洗克心怛　王仁

○愛

真善美愛　　王仁

○ほとゝぎす

鶯のこゑあせゆきて　かめやま乃わか葉の
かけにほとゝぎす鳴く　　王仁⊙
折ふしに君を思へば心臓の鼓動はけしく高鳴り止まずも　　閑楽⊙

○徳政

為政以徳　　王仁⊙

○にしき

いろいろともつれしいとをときもどし
あやのたかまでにしきをりなす　　でぐちすみこ

昭和十年　乙亥（きのとゐ）　西暦一九三五年

○高熊山

高熊山を実地踏査された時、聖師は山の周辺を巡っては「山の下に横穴をあけておきたい。日本人の人種の保存のために」と教えられた。

（昭和十年初め）

○早く荷物をおろせ（一月十九日）

一月十九日、日奈久駅に聖師をお迎えに参りました。汽車が着きましたので聖師にご挨拶していますと「早く荷物をおろせ」と命ぜられましたので、これまた吃驚《びっくり》して荷物をおろして、終わると同時に発車しました。私は荷物係なのです。私としては有難いお叱りの第一番でした。

（昭和十年一月十九日）

○先見の明（時間変更）

聖師が昭和神聖会の運動のために昭和十年一月二十日九州旅行の折、八代市にて八代支部発会式は午後六時からというので、ビラに広告にその事を書いて十数日前から宣伝していたら、突如「午後七時にせよ」とその日の朝、統管（聖師）の命令がありました。直ちに出来る退り広告の時間だけ変更しました。会場に六時には一人の入場者もなくいよいよ変更した午後七時で満員になりましたので、今更聖師の先見の明に驚きました。

○長生殿の斧初め

（大正十年事件に本宮山神殿が壊された最後の日をトして長生殿の斧初めの式典の時、聖師は大正十四年二月二日、二月三日節分祭に斎服を召されてから十年ぶりに斎服をお召しになる）「玉串奉典は高木（鉄男）さんと山県（猛彦）さんの二人が宣伝使服を着てするように」と申されるので思召のままに実行した。

（昭和十年十月二十七日旧十月一日）

○長生殿

皇道を世界に宣布するには祭政一致が必要である。

（参照）

神霊の奉安所を本年十月二十七日斧始式を

吾々は大正十年あの事件の時に、皇道の大本《たいほん》を唱導《となへ》たのが怪しからぬと云うて裁判所で小言を云はれました。又祭政一致を主張するのは不敬であると云はれたのでありす。併《しか》し乍《なが》ら現在では皇道を口にせざる者は紳士でない、人間でないといふ様な時勢になつて来ました。又祭政一致の実行にはどうしても機関説を排せねばいけないと云ふ事になつて政府は已《すで》に機関説反対の声明を出したのであります。

今迄色々な狂瀾怒涛を乗り越えて来ました。この皇道大本に肝心のもう一つ遅れて居る事があるのであります。これは何かと云へば祭政一致である、皇道を天下に宣布発揚せんとせば、どうしても大神様の神霊の奉安所を建てて、神様に奉る必要が迫つて居るのであります。この祭政一致の精神によつて、大正九年から十年にかけて、鶴山山上に荘厳なる神殿を拵《こしら》へましたが御存じの様な次第で、あれは壊されて了《しま》つたのであります。けれどもその後信徒諸氏の信仰心は益々強烈になつて来たのであります。さうしてどうしても壊されたる宮の跡に於いて慨《なげ》く事を止めて、再び再建する曙光に向つたのであります。故に本年の十月二十七日の記念日（大正十年十月二十七日本宮山神殿取毀完了）に斧始式を執行したいと思ひます。そして先づ天地の大神様を奉斎し、それから皇道を中外に向つて宣揚したいと思ひます。

今日も中外に向つて宣揚して居りますが、肝心の不言実行といふ点に於いて、神様の奉安所が出来てゐない事は、実に吾々として遺憾の至りであります。故に祭政一致の国家の精神によつて、先づ皇道大本としてはこの神殿の造営が必要と思ひます。

亀岡に月宮殿　鶴山に長生殿

この神殿造営が逼《せま》つて来た事は何故かと云ふのに、亀岡は昔から花明山（亀山）という事になつて居りました。あそこには月宮殿が出来て居ります。この鶴山には長生殿が建つといふ事になつて居ります。これは鶴亀と云ふ謡がありますが、古人がこの将に来たらんとする世の事を諷してあれは作つたものであります。吾々には言霊解で解釈すれば今度の事だといふ事が、すつかり判つて来ます。さうすると大神様の御催足といふものが、亀岡天恩郷に於て私が東京から帰つた晩から三羽の鶴が毎晩出て来て公孫樹にとまつて居ります。又一尺余の石亀が這込んで来たのであります。これは、どうしても鶴山と亀山が一致せねばいけないといふ神様の、私は示しと感じまして、どうしても早くこの神殿の造営が必要だと思ふのであります。

又神社法といふ規則がありまして、神社と云ふことは出来ない又宮殿と云ふことも出来ないので、これは昔の謡のものによりまして、長生殿と云ふのであります。長生殿の建築であります。

もう已に月宮殿は出来て居ります。神様は裏がなく、表がない。それであの月宮殿は十字の形になつてをります。どちらから見ても、裏も表も同じ形になつて居るのであります。今度の長生殿も十の字になつて、どちらから見ても同じであります。

あの伏見人形というものは前から見ると彩色をほどこして立派でありますが、後から見ると素焼の人形であります。今日の神社であらうが、寺であらうが、全部前からは立派でありますが、裏から見るとその構造や、何かが、前面とは余程劣つて居ります。併し神様には裏表がない、正直である、乾坤に通じて居るといふ精神から皇道の本意を体しまして、今度の長生殿も神様をお祀りしますから、十字の神殿にしたのであります。又お筆先に「世界十字に踏鳴らす」といふ事があります。キリスト教の徽章も十字架であります。又紅卍字会もあの十の字をくづしたのであります。仏教も十字形である。卍も皆十の字形を真似たのであります。法華の日蓮宗のも十の字を尖らした丈ある。大本も十の字でありますがまるの十字であるのを、くづして十曜《とよう》の紋にして○を十拵へたのであります。裏紋としては○に十を大本は使うて居るのであります。今迄の既成宗教、これは自然に経緯即ち、天地水火の揃うた象徴をもつて居るのでありますが、この神殿だとか、至聖所といふものは裏表があつて、その徽章に合致していない。

　この皇道大本はこの徽章の通り神殿を造らしていただいて、天も地も清浄に真釣り合はさうと云ふので長生殿が今度十字型となつて現れるのであります。

（昭和十年八月十日　みろく殿）（『真如の光』昭和十年八月十七日・二十五日合併号　十一頁）

こはたれしその日を卜《ぼく》して此秋を長生殿の斧始めせむ

長生殿建ち上りたるあかつきは神の経綸も漸《やうや》く成らむ　（『神の国』昭和十年十一月号「言華」）

大神の鎮り給ふ大宮の成らずば神業成らざるを知れ　（『神の国』昭和十年十二月号「言華」）

（参照）『出口王仁三郎全集』第五巻、「謡曲言霊録」（［西王母］［巻絹］）。『霊界物語』第十九巻第一章「高熊山」。同第四十八巻第十二章「西王母」、第十三章「月照山」。歌集『霧の海』「長生殿」

○王仁五十六年七カ月から六十六年六カ月

自分は五十六年七カ月より此の大神業の準備を初め昭青坤生会等を組織し昨年初めて神聖会組織まで進んだのだ。而して自分の六十六年六カ月には出来上る積りである。

（昭和十年三月二十日台湾にて　『真如の光』昭和十年四月二十五日発行　二十三頁）

（またこの時に聖師は「大本の御用は済んだ」と言われた。大本の神示による予言警告の使命はほとんどおわっていたのである）

○贈宣伝使三千人

聖地の宣伝使会の時に、聖師が皆の顔を覗きこむようにしながら「宣伝使が三千人霊界に行ってくれないと御神業が完成しない」と語られるので、いつも「神様のためには聖師様のためには命はいらない」と揚言している人たちも、思わず首を縮めました。

（月の国最奥霊国では、聖師が手づくりの宣伝使数千名にかこまれて、大神人に一体となって、三千世界即ち神界から幽現世界を改造救済のため獅子奮迅の大活躍）　（昭和十年以前）

○月宮殿の木賊（とくさ）

小幡《おばた》神社の上田美知様が、「昭和十年、月宮殿に参拝したら、聖師様が『とくさ』をやろうと一握りひきぬいて下さったのがこれです。沢山に殖えました」との事であったので、昭和二十六年に小幡神社の社務所の庭からその「とくさ」をたくさん頂いて月宮宝座の前に植えさして頂いた。第二次大本事件を前知しての聖師のお仕事と感得したのである。もともと月宮殿の木賊は穴太から献上されたものである。歴史は繰り返すものである。昭和四十九年に日本タニハ文化研究所碑の辺りにも植えさせて頂く。

○救いの神船

大本島根別院で聖師様をお迎えして盛人に神劇を行うことになって、本部からわざわざ出張している時の事。聖師の御気嫌がすっかり悪くなって「神劇はやることならぬ」とおっしゃるし、信者は二千人以上も神劇を拝観のため来ているし、困ってしまった折、南尊福氏がお心持を伺いますと「救いの舟が出て来るところがないからいかんのじゃ」と申されますので「いや実は救いの舟のところまでやるのでありますが、ビラに書き落としたのです」と申し上げますと「それならやってよい」とたちまち御気嫌を直されました。

実は『霊界物語』「天祥地瑞」の午の巻（第七十九巻）第二章「愛の追跡」の「『天晴れ天晴れわれはゆくなり水底の龍《たつ》の都の妹が側《かたへ》に』と歌い終り、ザンブとばかり湖中に身を投じ、あと白波と消え失せにける」までしか企画されていなかったのを、お言葉に従い急に第四章「救ひの船」の艶男が水火土神の救いの舟に救いあげられる場面までを追加して神劇を無事行う事が出来た。聖師様は一つの神劇にも「救ひ」を考えていられた。（昭和十年）

○透明殿の石垣

聖師は御生母上田よね子刀自の昭和八年六月二十日昇天され二十一日葬祭の玉串を「きょうだい（弟妹）にやると無駄使いするから」と、全部天恩郷の透明殿の石垣の費用にあてられた。石垣づくりは（近江の）「穴太から呼べ」と穴太の石工に築かせられて、昭和十年十二月四日に完成した。「早く造らぬと壊れるから」と陣頭指揮で築かれた。最奥霊国の姿をそのままに亀岡天恩郷に造営された。第二次大本事件が目の前に迫っていることを直感されていたようである。現在の万祥殿の下の石垣はその復元。

○時が来た

（家口郁さんが透明殿にて聖師に「亀岡で私が金時計を拾いました。子供が上海旅行で銀時計を拾いました」と申し上げたら）時が来た。お前たちには判らぬけれど。（昭和十年の末頃）

○毒瓦斯よけ

松葉を噛むこと。大根を生で食うこと。葱《ねぎ》を食べること。梅干を食うこと。

○長崎

長崎は戦争の最後にひどい目に会う。

（昭和十年長崎にて）

○第二次大本事件の予告

問「聖師様また大本事件がおこりますか」答「どうしてもあるなあ」問「その時は私も這入《はい》らねばなりませんか」答「そうだなあ百日這入《はい》ったらよい」

（昭和十年頃）

（第二次大本事件の時、大沢晴豊氏は翌十一年に佐世保市山県猛彦邸の前にて捕われてちょうど百日目に釈放された）

○厳と瑞と扇

厳と瑞とは扇の骨の如きもので真っ直なものは一つだけで、他は真っ直でないのである。構に真っ直になったら用をなさないのである。

（昭和十年以前　桜井重雄氏拝聴）

○四尾山のお宮

問　御神諭に四尾山《よつおやま》に国常立尊《くにとこたちのみこと》のお宮が建つと書いてありますが。

答　本宮山のお宮がそれだ。峰続きじゃないか。　（昭和十年以前）

○世界の竜宮海

世界的にいうと濠洲とジャワとスマトラの間が竜宮海である。　（昭和十年以前）

（参照）『霊界物語』第七巻第二十二章「竜宮の宝」、第二十三章「色良い男」。第八巻第十一章「海の竜宮」。第十二章「身代り」

○モールバンドとエルバンド

モールバンドとエルバンドは○○と○○である。　（昭和十年以前）

（参照）『霊界物語』第三十二巻第一章「万物同言」乃至第六章「獅子粉塵」

○救いの鈎

聖師様と石川県能登の浜中助太郎氏の一問一答

浜中氏　世界の終りには天から救いの鈎《かぎ》がおりて来て救うのですか。

聖　師　そんな事はあらへん。　（昭和十年以前）

（参照）『霊界物語』第五巻第二十三章「神の御綱」。第二十四章「天の浮橋」。第六巻第十五章

「大洪水〔一〕」。第十六章「大洪水〔二〕」。

○自湧的智慧

救世主は人から教えてもらうことが出来ぬので骨が折れる。（昭和十年以前　桜井同仁氏拝聴）

（参照）『霊界物語』第二十八巻「総説歌」。第六十四巻上・第二章「宣伝使」……「一切万事救生の　誠の智慧を胎蔵し　世間のあらゆる智者学者　凡《すべ》ての権威に超越し」

○台湾

台湾はみろく様の姿だ。（昭和十年以前）

（日本列島は竜体である。竜体の頭は九州であり、尾は北海道であり、台湾は宝冠である。聖師は昭和三年八月、北海道の芦別山より綾部の四尾山に国祖の神霊を奉迎される）

○御倉魚

御倉魚《みくらうお》は御倉《おんくら》のこと。（昭和十年以前）

（参照）『霊界物語』第三十巻第十四章「霊とパン」

○妖瞑酒

妖瞑酒は左傾のこと。
（参照）『霊界物語』第五十四巻第十二章「妖瞑酒」。第十四章「暗窟」
（昭和十年以前　山内陽明氏拝聴）

○狼

北光の神の使った狼は満洲の土民のことである。
（参照）『霊界物語』第四十一巻第十章「狼の岩窟」
（昭和十年以前　山内陽明氏拝聴）

○聖言

聖言如玉石　王仁
（昭和十年以前）

○本梅は朝鮮の離型

本梅《ほんめ》（亀岡市）は朝鮮であり、本梅川は鴨緑江《おうりよっこう》である。
（昭和十年以前）

○霊界物語の地名

霊界物語地名　相応の地名　霊界物語地名　相応の地名　霊界物語地名　相応の地名
南高山《なんこうざん》………吉　野　ペテロ　………神　戸　タコマ山　……八　重　垣
ヒマラヤ山…比　叡　山　竜宮城　…(?)テブロス島　天保山　………日　本　海

霊鷲山《りようじゆせん》……高熊山　万寿山………亀岡　檀山………朝鮮
橄欖山《かんらんざん》………世継王山　シナイ山………弥仙山　コンロン……大台ヶ原
楊子江………桂川　南高山………妙見山　シオン山……山家
天教山………富士山　鬼城山………福知山　新高山………高城山（位田の向）
ニュージランド沓島　天山………伊吹山　大江山《たいこうざん》………大江山《おおえやま》
青雲山………帝釈山　竜宮海………地中海　ロッキー山……鬼城山
天道山………四尾山　竜宮海………オーストラリヤとニュージランドの中間
ウラル山……肝川割岩　モスコー……京都　エデンの園……位田
常世国………八木　長白山………半国山　ローマ………大阪
アーメニヤ…東京　タコマ富士……愛宕山　玉の井………穴太

編者註＝聖師の示された相応の地名＝大本の教理に「アキツノトナメ」ということがある。至大天球《たかあまはら》即ち大宇宙の縮図が太陽系天体であり、太陽系天体の縮図が大地球であり、大地球の縮図が日本列島である。日本列島の縮図が奄美大島である。「大本は型の出るところ」であるから、世界にあることはまず大本にあるから、大本の中にあることは世界に顕現するから、『霊界物語』の地名は、「アキツノトナメ」の法則の上から理解すべきものである。特に注意すべきことは、「アキツノトナメ」の相似相応に国魂学上と地理学上があることである。

○斎主の言葉

（「大本大祭のときは、参拝者が、いろいろのことをお願い致しますから、神様は大変お忙しいことと思われますが」とおたずね致しますと）

神様は斎主のお言葉だけしか、お聞きにならぬ。

（昭和十年以前）

○日本の最後

問「日本の最後はいつですか」　王仁「軍人内閣になったら」

（昭和十年以前）

○神と人

九分九厘までは神様がつれて行かれるが、岸は人間が登らねばならぬ。

（昭和十年以前）

○いざという時

いざという時には神様に霊をかぶせて頂くから大丈夫。

（昭和十年以前）

○地震の時

地震の時は壁が落ちたら外に出る。それまでは家の中にいたらよい。地震が恐いようではいかぬ。恐がらないようにならねばいかぬ。

（昭和十年以前）

○正しい坐法

不動の姿勢は体に悪い。正坐して腹をトンと落としたのが良い。（少し引込めたのが本当である）

（昭和十年以前　桜井重雄氏拝聴）

○盲腸炎の妙薬

「はこべ」のしぼり汁をお土にかけ、そのお土を煎じて飲むと盲腸のいたみがとまる。

（昭和十年以前　堤清彦氏拝聴）

○宣伝使とブドー酒

宣伝使はブドー酒を飲むこと。ブドー酒は邪気を払い、新陳代謝を助ける。

（昭和十年以前）

○純日本のにわとり

お筆先に「天照皇太神宮のつかわしめの鶏を食うことはならぬぞよ」とあるのは純日本の鶏のことで、○○種は食べてよいのである。純日本の鶏は「ちゃぼ」だけである。「ちゃぼ」の卵は食べてもよい。喘息《ぜんそく》の薬である。

（昭和十年以前）

○トマト

トマトを食べると毒瓦斯《ガス》にやられる。トマトは動物肉と同じである。毒瓦斯にはラッキョウと梅干がよい。

（昭和十年以前）

（昭和十七年八月七日、保釈出所後は聖師がトマトを食べられるのでその理由をおたずねすると、「十年たったから日本のトマトになっているから」と答えられた）

○二等車

二等車に乗る人はそれだけの仕事をする。

（昭和十年以前　桜井重雄氏拝聴）

○老人と葬式

老人は葬式に行かぬがよい。悲哀の気持ちになるのが体によくないから、若い者をやったらよいのである。

（昭和十年以前）

○三十六遍生まれてきた

王仁は今度で三十六遍生まれてきた。支那の上野《こうや》に百姓として生まれてきた事もある。

（昭和十年以前）

○幡随院長兵衛

王仁は幡随院長兵衛である。

（昭和十年以前　桜井重雄氏拝聴）

○松の皮むき

植木屋（庭師）が虫がつかない予防として赤松（女松）の皮を一つずつはいでいるのを見られた聖師は「錆びた鎌を持って来い」と申されまして、早速庭に出て錆びた鎌の刃を上にむけて両手で持って下から上に松をこすって、植木屋の何倍もの速度で松の膚に疵をつけないで皮を剥いてしまわれました。植木屋は能率的であることにスッカリ感心してしまいました。

（昭和十年以前）

○救い

王仁に名前を覚えてもらえぬ者は救われない。

（佐藤章子氏拝聴）

○みろくのよ

○○と○○が『霊界物語』を読むようになったら弥勒の世。

（参照）『霊界物語』第十巻「総説歌」……「二人の真のわが知己に注がむための熱血か」

○五六七の神代（円色紙）

梅そのや百々のこよみを栗原の五六七《みろく》の神代そいくひさしけれ　王仁

○すべて物は二つある

（聖師は教主殿前の二つの築山「右は高い山、左は平たい山」を指しながら）

右の方は石が七十五あって伊邪那岐尊《いざなぎのみこと》で、左の方は石が四十八あって、伊邪那美命《いざなみのみこと》や。物は何でも二つあるのじゃ。東の石の宮と西の石の宮。綾部とエルサレム。銀河もはっきりしたものと薄いものというようになっているのである。

（昭和十年以前）

○残してある立木

（大本の）神苑のあちこちにボツボツと木が残してあるのは屋敷の境のしるしである。

（昭和十年以前）

○金竜海（大本綾部神苑）

金竜海が澄まないのは、竜神さんがいるから澄まぬのである。

（昭和十年以前　小畑定範氏拝聴）

○印判

つげの木で造るのが本当である。つげの木の切り口は切り立ての血の出ないときの人の膚と同じであるから身代わりの意味である。丸判が本当である。鉱物や動物や水晶で造るのは邪道であって、燃え上がるもの（植物）で造るのが本当であるから、木で造るのが正しいのである。実印は長さ二寸三分、直径は六分か七分である。小印は二寸一分で直径が四分か五分である。

（昭和十年以前）

○筆のすさび（揮毫）

千早振《ちはやぶる》神のゐらみしうまし国にゐながら苦し筆のすさびは　王仁

○三角形の家

人は三角形の家に住んだらいけない、不祥事がおこってくる。

（昭和十年）

○注射

大牟田市の熱心な信者さんが病勢いよいよ改まり、聖地に行って死にたいと言い出したので、奥様が主人の意志を尊重して亀岡天恩郷まで見えまして、聖師様に御面会されたら鎮魂して下さいましたが、「注射していなかったら助けてやるのに」と残念がられました。その人はまもなく天恩郷で帰幽されましたので、大本で葬祭を執行されました。

（昭和十年以前）

○明日は大嵐

出口聖師が昭和十年十二月六日、綾部を出発して鳥取市の山川方の大本鳥取分所に一泊、七日に皇道大本島根別院に着かれた。しばらくして綾部から出口すみ子大本二代教主が別院に着かれると、「二代が来たから明日は大嵐だ」と語られた。雲一つない真っ赤な夕焼けなのだが、聖師が言われるから、大嵐だろうかと、大本の信者は思って、秋季大祭の日で困ると話しあっていた。大嵐は大本第二次事件の予言であった。

昭和七年十二月二十日に建てられた聖師の歌碑には既に予言されていた。

赤山の紅葉に映ゆる夕津陽の影黒々と庭をゑがけり　王仁

除幕式の挨拶に聖師は「○国の腹の黒さを表現した」と説明されていた。したがって「赤山歌碑」は再建されなかった。

十二月七日の聖師は夜おそくまで眠られぬ様子で、三六亭《みろくてい》の奥の間でソバを食べて寝につかれた。中の間には二代教主出口すみ子様。入口の間には田村という老人と奉仕に来た女の信徒だけが泊った。三六亭は十二畳三間。奥の間の床の間には聖師が染筆された色紙が山積みされていた。歌祭の入賞者のために授与される賞品とされるものである。

鳥取分所でもいつもとはことなり、夜おそくまで「話をしよう、話をしよう」と容易に寝につかれなかった。

七日松江行きの汽車で由良で下車して由良分所に行く昭和青年会員たちを、いつまでもふり返って眺めていられた。

○大将が取られてしまう

八日の歌祭の準備に八重垣台の中央に四角の柱の四方に八雲の神歌をはり、その周囲に献詠歌の天地人のつぎに秀調、その回りに平調の色紙をめぐらせておくと聖師が出て見えて、秀調の色紙を一番外にめぐらされた上で「兵隊にまもらせておくと大将がとられてしまう」と教示された。（まさか翌日八日に聖師が逮捕されようとは誰一人も夢にも知らぬことでありました）

○昭和十年十二月八日、大本第二次事件おこる

昭和十年十二月八日の払暁《ふつぎよう》午前五時過ぎ、島根県松江市の皇道大本島根別院の天井から折鶴をさげられた三六亭の奥の間に就寝中の、出口王仁三郎聖師を逮捕せんと、工藤恒四郎特高課長、坂根・松江警察署長の引率する数百名の警察官が急襲した。夜警中の大本の昭和青年会員は聖師を検挙せんとする警察官をとりまくのを「行って来るから心配しないように」と青年たちをなだめて、二代教主に挨拶して警察官にかこまれて、警察の自動車に乗せられて、検束された。証拠品として押収した中の玉串の入ったカバンを工藤課長は二代教主にお返しした。

（参照）歌集『朝嵐』
治維法違反容疑者としてけいさつへ拘置されたる師走の八日

○梅で開いて松で治める

大本二代教主出口王仁三郎夫人の出口すみ子様は、機《はた》を織ることが神業であった。昭和十年十二月六日までに綾部の鶴山の機場に、いろは四十八台の機にタテ糸をかけて、緯糸も染めあがって揃った。七日に上機嫌で、トラックで綾部駅へゆき乗車され、山陰線で松江駅下車、島根別院に安着、三六亭の奥の間には聖師、すみ子様は中の間で就寝された。午前五時になると、特高課長工藤恒四郎の引率する警察官によって、聖師は検束された。「行ってらっしゃいませ」と見送られた二代教主は「この前（大本第一次事件）の時には梅田から先生をとらえられた。今度は松江からだ。梅で開いて松で治める、目出度《めでた》いのやぜ」と語られた。また「鶴山の機場に四十八台の機にタテ糸がかかり、緯糸も揃ったので、大変芽出《めで》たいのだよ」と教えられた。

○阿波池田

阿波池田は元は生田《いくた》といった。

○万教同根　出口王仁三郎聖師　揮毫

大本者曰六合弥勒

　大弥勒尊像　富士の絵

神道者曰惟神

　天照皇大神　伊勢の絵

仏道者曰皈一（分かれている物が一つに帰着すること）

　釈迦尊像

儒道者曰精一（もっぱら。専一。心が細やかで一すじなこと。清粋純一）

　孔子尊像

老道者曰得一（絶対の道を得ること）

　老子尊像

耶道者曰抱一（一をいだき守る。道をたもち守る）

　耶蘇尊像

回道者曰守一（心を専らにする。一事に専心する）

　マホメット尊像

天恩無極　王仁

（昭和十年以前）

註＝（　）内は編者が『諸橋漢和大辞典』から引用

○高齢者更生会

六十歳以上の人を集めてくれ（と慰労会をされた十月二十三日、二十四日）、事件がおこることが判ったので。

（参照）『神の国』昭和十年十二月号　九十二頁「聖都消息」

天恩郷においては九月二十三日、高齢者の更生会が聖師によって発会されたが、綾部においては十月二十四日午後五時より庶務階上において聖師の臨席の下に発会式が挙げられ、会員八十名にのぼった。

第三章

昭和十一年～昭和十七年

昭和十一年　丙子（ひのえね）　西暦一九三六年

○旱天の慈雨

昭和十一年五月、福岡県の特高警察で徳永警部補に取り調べを受けている時のことですが「物語第一巻を読んで見よ」と読ましてくれました。手に持って物語の本文に目を通しますと、心から体まで活気が溢れてまいりました。ちょうど旱天《かんてん》の慈雨に草木がたちまちよみがえるようでした。「そんなに読まんでも良い」と物語を取りあげられました。「物語一組あれば世界は救われる」との聖師の言葉は全く証明されました。第十八章「霊界の情勢」のところだったと思います。

○中立売警察署留置場

木庭次守は昭和十一年四月十六日、熊本南警察署長に会って、大本検挙をなじる。「待機していよ」とのことで家で待っていると、十八日、大牟田署の村田という刑事が同行をもとめるので、熊本警察の許可を受けたかと反問するとうけたと嘘をいって、大牟田警察の留置場に生まれて始めて入れられた。十九日には村田刑事に同行中、拘引状はあるかと聞いたが、黙って福岡県警へつれて行き、博多の警察の留置場にほうりこまれて、徳氷という警部補の取り調べを受け、途中で病気のために、原田医院に入院させられ、それから県警の宿直室にとめられた。ある日突然、京都行きということになり、筒井薬局から五円を警察が勝手に借りて来て、一円の浴衣と十五銭の帯を着せられて、日野、水野という二人の警察官に護送されて、京都の中立売《なかたちうり》警察署の新しい留置場に入れられた。ゲーゲーさんの入っていたところだといって日出磨様のあとの十三房に入れられた。半分ほどが詰まっていたが三人になると、聖師の入室のあとの十一房に入れられた。中村純也さんと森国幹造さんが左右に入れられていた。大学出の警察官が、「皆さんは外に出たら偉い人だから」と扉をあけてくれて、毎日自由放談をした。「出入口の扉があいたら自分で戸をしめて下さい」とのことで、境の戸の動く音がしたら自分で扉をしめて中に入った。十一房の聖師のあとに七月三十一日迄入れられた。無上の光栄である。聖師の大本第二次事件回顧歌集『朝嵐』千六百首を理解できるのはそのためである。

○短冊千枚書く

警察で「王仁三郎は短冊を一日に二百枚書くといって信者をだましているだろう」と言うので、「それなら書いてみましょう」と、一時間に千枚書いて見せたら、何も言わなくなった。

（昭和十一年）

○聖師の金庫に五万円

大本事件検挙から当局は中村純也氏を大本の会計として事後処理を命じました。「私が最も困惑したことは、潮内務大臣による大本の建物一切の破却命令でした。大本の費用で清水組にまかせて、亀岡、綾部の両聖地を破却することでありました。会計課長でしたので、大本の財政はほとんど知悉《ちしつ》していました。どこにも破却費が出るところはありません。ところが聖師の高天閣にありました金庫を、警察官の立会いであけますと、金五万円が出てまいりました。その中から参万数千円の破却費を清水組に支払うことが出来ました」

中立売警察署で十一年の七月に、留置場の十房に入っていた中村純也氏が十一房に入っていた木庭次守に「あんなに嬉しいことはありませんでした」と語った。

聖師は一切の準備をされていたのです。高熊山修行によって「現界の出来事などは数百年数千年の後まで知悉し得られたのである」と『霊界物語』第一巻第一章で示された通りである。聖師が「王仁は神の一輪の経綸を知っている」と語られた通りに実行されていたのである。

（参照）京都の中立売警察署へ福岡警察署の徳永警部補たち四名が木庭次守を迎えに来て、福岡警察署から釈放された。大牟田市の今山方に一泊して、熊本市外の田迎村良町の自宅に帰った。早速に大牟田市の筒井薬局にゆき、福岡警察が木庭の名義で借用した五円也をお返しした。

昭和十二年　丁丑（ひのとうし）　西暦一九三七年

○大本弁護団

大本第二次事件がおこりまして投獄された聖師は、第一次事件の際の京都の典獄長であって弁護士となっていた赤塚源二郎氏へ、弁護を依頼された。赤塚氏は、鍋島徳太郎氏と竹川兼栄氏へ依頼した。竹川兼栄氏は第一次大本事件の際の予審判事代理として証人調べをした経歴がありましたので、弁護団の中で批難する人がありましたが、竹川氏は私は取り調べをしたから大本の正しいことを知っているから弁護に立つとの説明で、皆が了解した。東京では、富沢効氏が親類の田代三郎氏に依頼し、田代氏は清瀬一郎氏に依頼すると、早速京都刑務所に聖師をたずね、国学の素養の深きに感動して、昭和十一年三月三十一日に早速弁護届を提出した。林逸朗氏は天皇機関説排撃運動について、金はないから差し上げられないが、昭和神聖会をお使いなさいとまかされた、恩義に感じて弁護にたつこととなった。東京側は京都の弁護士会長の前田亀千代氏に依頼した。津田騰三氏は弁護にたったが召集された。

大阪では、第一次事件の弁護人の足立進三郎氏が三月二十七日弁護届を提出し、そのすすめにより、今井嘉幸氏、川崎斎一郎氏、高山義三氏が弁護にたつこととなった。

大本信者側では、富沢効氏をはじめ、三木善建氏、高橋喜又氏、小山昇氏、竹山祥三郎氏が弁護にたつこととなった。ほか数名の人がしばらく弁護に従事した。ここに大本弁護団が構成された。山県猛彦氏には個人に三人の弁護人が従事した。

聖師は「王仁には弁護人はいらないが、王仁の言うことをもみけさせないように、証人として守ってもらうことにした」と語られた。

京都地方裁判所の第一審の大本裁判事務所は、京都市中京区高倉通丸太町下ルの赤塚源二郎弁護士の裏の倉におき、大阪控訴院の第二審の際は、大阪市北区中ノ島の渡辺橋橋詰の北国新聞大阪支局内におき、大審院の際の裁判事務所は、京都府亀岡市横町一番地の木庭次守宅の高橋喜又法律事務所においた。事務主任は第一審赤塚源二郎氏、控訴審三木善建氏、大審院高橋喜又氏。

○盧溝橋事件

昭和十二（西暦一九三七、皇紀二五九七）年七月七日、聖師の最も憂慮された日支の大衝突の端緒、盧溝橋事件がおこった。盧溝橋の杜は擬宝珠の代わりに獅子頭で飾られている。

「王仁が外におれば手をうてるのに」と残念がられた。

盧溝橋のただ数発の銃声に日支事変を引起したり　王仁

東洋は言ふも更なり全地の上に騒ぎの起ることを覚りぬ　王仁

昭和十三年　戊寅（つちのえとら）　西暦一九三八年

○聖師は事件の真相を弁護団に明示

昭和十三年二月二十七日、京都市中京区高倉通丸太町下ル西の赤塚源二郎弁護士宅に、大本事件裁判事務所を置く。まず警察官及び検事の聴取書と予審訊問調書を十六名の弁護士に配布するために謄写を開始し、第一に出口伊佐男氏の分を謄写して配布したら、不敬と治安維持法違反などにまとめあげられた内容に驚き、弁護を辞退する者も出始めた。実は文書偽造であることが裁判によって判った。聖師はこの事（弁護人の動向）をお感じになったのか、「王仁の聴収書調書を見る前に皆にお話ししたい」と申し出されたので、昭和十三年五月二日、刑務所にて親しく会談、弁護人一同に大本事件の真相をお話しになって右手掌で水をすくうような動作を三回繰り返されながら未決監に帰られた。これによって弁護団の心が凝り同時に弁護の方針を「大本は無罪也」と確定した。大本信者の弁護人たちは聖師の動作は事件を覆すか、または三審即ち大審院まで行く意味であろうかと語りあった。

○かなわんわい、かなわんわい、かなわんわい

京都市外の山科刑務所に収容された神守氏が、ひょいと斜前方を見ると、小さい窓から聖師のお顔が見えるので懐しんでいると、ひょいと顔を引っこめて、今度は食器の金属の椀を片手で上げたり下げたりして見せられた。神守氏はよくよく考えたら、「王仁《わし》はかなわん（金椀）わい。かなわんわい。かなわんわい」という謎であることが解けた。まったく当意即妙な表現である。（昭和十三年　山科刑務所にて）

控訴審の法廷で即答されるので、高野綱雄裁判長は「王仁三郎の当意即答病」と弁護人に語った。

○二審で無罪になる

山科刑務所に入監中の田中省三氏に既決囚の中の当番を使って「二審で無罪になるから心配するな」と伝言された。（昭和十三年）

また整髪係の人をして大本の被告に伝言させられた。

○五六七と大神

山科刑務所の中では、毎日飴やいろいろの甘い物を買われては、既決囚で中の当番であった「大神」という人と「五百六十七番」の人に与えられて連絡係に使われた。この二人は入所中

の大本の被告に拇指《おやゆび》を見せて「大将が心配するなといっています」といった具合で連絡をしたのである。これは大本事件の秘史の一つである。これが事実であることは、保釈出所した藤津進氏、木下愛隣氏が編者木庭次守に道案内させて、当時出所していた京都市内の◯◯氏宅にお礼に行った事実をもって証明出来るのである。

（昭和十三年乃至十四年頃）

○王仁さんにはかなわん

第二次大本事件の京都地方裁判所における主任弁護士赤塚源二郎氏が、十五万円の大本の費用を裁判その他で使い果たしたので、訴訟費用について少し残っていた大本の宝物を整理して裁判の費用にあてたい旨を刑務所に御相談に行った時、

問　大本の裁判費用がなくなりましたから宝物の残りを売って費用をつくってもよいでしょうか。

答　大本は◯◯と同じで、いろえばいろう程大きくなって気持ちがよくなるものだ。支那の紅卍字会で六百六十六億円準備して待っているから王仁が指で（手真似して）字を書くと、フウ・チ（扶乩）に出ると金は持って来るから心配しなはんな。

とお話しされたので、赤塚氏は「王仁さんにはかなわん」と右の問答を語られた。

（昭和十三年六月頃）

また弁護人が面会に行くと、両手掌を見せては「王仁には天下筋が十本ある」と自慢されま

した。

○稚気満々

法廷で公判が始まると、聖師は最も礼儀正しく、裁判長、陪席判事、検事、弁護人にまで、いちいち丁寧に挨拶をされました。大本の被告中、最も立派な態度でありました。ところが疲れてくると、顔をなで廻したり、鼻をいじったり、後ろを向いたり、幼児のような天真爛漫。裁判長が「出口はつかれているようだから、これで今日はやめよう」弁護人も「被告は大変つかれているから、これでやめて頂きたい」と助言する。聖師は「こんな時しゃべると損をしますから、止めてもらいます」と笑って退廷された。

昭和十四年　己卯（つちのとう）　西暦一九三九年

○三年目に出る

昭和十一年三月十三日、京都市五条警察署に拘留された桜井同仁氏が便所に行く途中、聖師とぴったりと出会ったら「今度は脱税事件の嫌疑や。三年目に出られる。王仁は二月おくれて出る」とおっしゃったが、ちょうど三年日の昭和十四年三月十三日に保釈出所した。同氏「脱税事件だなんて聖師様は馬鹿にしている。しかしちょうど三年目だ」と感激して語られた。聖師の目からは大本事件全体が見透せるから至極平気で、一人一人の拘置の日数もよく御存じで先に知らされた訳である。心配しないように「王仁は二月おくれて出る」と茶化されている。

○予審終結決定と大本文献

京都地方裁判所における大本第二次事件の公判廷の出口王仁三郎聖師の陳述を、貴族院速記者岡田源次氏による速記録を通読して、木庭次守は、大本文献の上から、大本歴史の上から、無罪を確信した。前田亀千代弁護士事務所を使用させて頂いて、昭和十四年一月から三月までの三カ月を要して、「大本教義と予審終結決定教義」を執筆した。大本文献の上から、予審終結決定教義を粉砕することが出来た。着手することについて、正月十日、大本農園に赴き、出口直日先生に御神体の下附をお願いした。十一日御神体「うしとらのこんじん、ひつじさるのこんじん」を揮毫《きごう》して頂き、ウンパンに日の丸を入れ秘斎し、御祈願しつつ完成した。この御神体は昭和四十九年十月十七日、日本タニハ文化研究所に遷座祭奉仕。

昭和十三年秋に、主任の赤塚源二郎弁護士の依頼でまとめた。「霊界物語三神系時代別活動表と説明書」とあわせて用いれば、当局作成の予審終結決定の大本教義を根底から粉砕できることが極めて明らかとなった。

「大本教義と予審終結決定教義」を謄写して配付したところ、大阪から三木善建弁護士が飛んで来て、弁護に使用したき旨を要請されたので、快諾した。控訴院における大本弁護団としては、教義の上からは、「大本教義の歴史的叙述」を根本方針として弁護につとめた。この結果は、控訴院の昭和十七年七月三十一日の高野綱雄裁判長の判決で、治安維持法違反無罪の判決を得ることとなった。

昭和十五年　庚辰（かのえたつ）　西暦一九四〇年

○舌を出した聖師

昭和十五年二月二十九日、京都地方裁判所の法廷で庄司直治裁判長によって、判決文が主文、理由と朗読された。聖師は治安維持法違反および不敬罪で終身懲役の判決。被告五十余名も全員二年以上の有罪でした。聖師は判決をききながら、鼻をほじくったりされていましたが、だんだんと頭をさげて、弁護人の方を見て、舌をペロリと出されました。大本側の弁護人は、肝玉がでんぐり返りました。

○米内内閣

昭和十五年三月、日中戦争がいよいよ本格的となって俄然物価が十倍以上になった時。大山美子様が京都市中京刑務支所で面会の折。

問　聖師様、大根が一本十一銭もしますし、葱一本一銭もしますのよ。

答　そうか。そりゃ大変だなあ。

問　それだけじゃないのですよ。米もないのですよ。

答　そりゃあたりまえや。米内（コメナイ）内閣だから。

問　炭もないのですよ。

答　お澄（出口すみ子）をここに入れておくからだ。早くお澄を出せばよいのだ。

問　今は「やみ」ばかりですよ。

答　闇の後には月が出る。（月といえば大本では出口聖師の象徴）

問　いつ出ますか。

答　……。

（昭和十五年三月）

（米内内閣　昭和十五年一月十六日～七月二十二日）

○掛図の夢の予言

王仁は夢を見たんや。大本事件と大書した大きな掛図が掛かっている前で、警官と群集が大喧嘩しているところを見ていると、ぱっと変わって掛図は黄金色になった。次に白紙の掛図に変わったと思ったらそこから急に真っ黒くなって闇になってしまった。そして下の方から明りが差して、そこら中が明るくなった夢。

（昭和十五年一月頃　京都中京刑務支所にて　面会の時、小西君さん拝聴）

○掛図の夢は大本事件

夢を見たが、（右の夢をお話しされて）その一番始めの大本事件と書いてるのが第一審の判決のことである。

（昭和十五年三月　京都中京刑務支所にて　聖師末妹の小西君さん拝聴）

○聖師に未決での初面会

（昭和十五年三月十一日旧二月三日月曜日、京都市中京刑務支所にて大本事件後初めて御面会す。高橋喜又弁護士の依頼の件申し上げる）大阪の差入屋は「稲荷屋」じゃないか。（丸の家伊勢氏）あんたは誰か（二度聞かれる）。枕がグジャグジャになったから、固いボロクズを入れたもの、短いのを入れてくれ。高橋さんの奥さんによろしく、足袋はある。今朝は歯が痛いので冷していた。（数十分楽しく楽しく話された）

○聖師、大阪若松刑務所へ

昭和十五年四月十八日午前四時半、京都中京刑務支所出発、出口聖師、二代様（出口すみ子）、宇知麿（伊佐男）様三人、大阪の若松刑務所へ移された。

（京都中京刑務支所正門前に聖師が「差入の弁当うまきお多福」と詠まれた差入屋お多福があった）

○大阪若松刑務所へ面会に来いと伝言

（三木善建弁護士が若松刑務所に御面会に行かれたら、聖師様から伝言があったと電話あり感謝感激す。当時、大本の裁判事務所は大阪市中ノ島渡辺橋北詰の北国新聞大阪支局内にあった。二階四畳半二室也。のちに一階の六畳も借用）

事務所に若い人が二人いるらしいが、代わるがわる面会に来い。

（昭和十五年七月五日旧六月一日金曜日）

○大阪若松刑務所での初面会

（元気溌剌とおっしゃった。ありのまま光輝く聖師様の面見る度に魂よみがえる。看手部長の好意でゆっくり面会）

木庭はんか。この事件の仕事を田上さんとしているのか、城崎の玄武洞の写真くれたな。山藤とはあなたか。布団の薄いのを入れてくれ。面会に来てくれ、用があるから。あなたの兄か弟か（弟輝男）面会に来てくれたよ。

（昭和十五年七月十三日旧六月九日土曜日）

○親鸞の本

大阪若松刑務所へ御面会に行くと「親鸞の本を入れてくれ」とおっしゃったので、書店を探したが品切れで、また御面会に行くと申されるので探したが遂に書店にはなかった。ゆっくり面会してやろうとの配慮と後にわかった。

○たった三口（差入弁当）

弁当の御飯がたった三口しかない。

（昭和十五年　大阪若松刑務所にて）

○醤油がなかった

さしみに醤油がついていなかった。

（昭和十五年　大阪若松刑務所にて）

○渡河の夢

聖　師　エー夢を見てな。
三木氏　どんな夢でございますか。
聖　師　大きな河をうまい事渡り切ってしもうた夢や。

（昭和十五年十月十二日旧九月十二日土曜日　大阪若松刑務所にて）

（大きな河は大本事件の謎）

○蛇の夢

（この夢は裁判に対する証拠の提出が第一審では藪蛇《やぶへび》なりしも、控訴審の証拠の提出は百発

百中にて、大本事件の川も無事突破するとの暗示なり）

従来蛇の夢を見るといつもスカタンを喰いうまく殺せなかったが、最近は一突きに殺せるから気分を良くしている。昨日で拘留されて以来、ちょうど千三百五十三回の夢を見た。この間は大河を渡り切った夢を見た。近頃は蛇を見ても一突きに殺すから気を良くしている。

（昭和十五年十一月十一日頃　大阪若松刑務所にて　三木善建氏御面会の折）

（蛇の夢は公判における証拠提出が当を得てることの暗示と受け取り、安心して証拠の提出と弁論要旨の作成に従事した）

○縲絏の恥

昭和十五年十二月十一日に大阪控訴院第三刑事部で公判が開かれた時に、出口王仁三郎聖師は、三木善建弁護人に、手錠をかけられた手を見ながら「縲絏《るいせつ》のはずかしめをうけるとはこの事か」と語られました。

その後、足を捻挫されたために、特別の配慮で未決から法廷まで編傘をかぶって手錠なしで杖をついて出廷されるようになりました。いよいよ取り調べが終了しましたので、看守部長が形式的に「第〇番今日より手錠をとる」と号令をかけました。いつもと違って杖をもたずにサッサと出かけられますので「杖を」と申しますと、「もう杖はいらぬ」とスタスタと歩き出されました。

（昭和十五年十二月十一日）

○霊界物語の神名の由来

大阪控訴院第三刑事部、分離第二回公判調書

昭和十五年十二月十三日

問（裁判長高野綱雄）　此ノ神々ノ中ニハ本人ハ知ラズ被告人ガ名付ケタ神モアルノデナイカ　例ヘバナカノ分デハ国武彦命《くにたけひこのみこと》、大六合常立尊《おおくにとこたちのみこと》、国治立尊《くにはるたちのみこと》、稚桜姫命《わかざくらひめのみこと》、初《はつ》稚姫命《わかひめのみこと》等ハソレデナイカ

答（王仁三郎）　国武彦命ハ長沢先生カラ貰ツタ名デス、初稚姫命トカ　国治立尊ト云フノハ　芝居ニ書クノニ稚日女岐美尊《わかひめぎみのみこと》トカ　国常立尊ト云フノハ勿体ナイノデ霊界物語ニハサウ書イタノデアリマス、芝居デハ大石内蔵之助ト云フノヲ大星由良之助ト変ヘル様ナモノデ、霊界物語ニ神様ノ本名ヲ書クノハ勿体ナイカラ、私ガソンナ名ヲ作ツテ書イタノデアリマス

○第一審の供述は皆でたらめです

控訴審の第一日のことである。富沢効弁護士が大阪の中の島の大本裁判事務所にとび込んできて、「もう駄目だ。聖師様は京都地方裁判所で言ったことは、全部でたらめだと言われた。もう駄目だ」と悲観して帰られた。

聖師は、高野綱雄裁判長に「京都地方裁判所の庄司直治裁判長に言ったことは、皆でたらめ

です」と述べられた。高野綱雄裁判長は、聖師の言葉を理解して公判において詳細に取り調べ、大本文献の研讃の上から、治安維持法違反無罪の名判決を降した。（昭和十五年十月二十五日）
聖師様は高野裁判長に「あの人は言っても判らぬ人です」と陳述されている。

○月日のお蔭で眼が見える

昭和十三年のことである。大本事件の弁護の方針が建たず、困っていた時のこと。下宿の床の間に、熊本県三玉村の聖師と等身大のミロク神像の写真を額に入れて礼拝していたが、その由を真剣にお願いした。

その夜の夢に暗い中から「月日のお蔭で眼が見えるのに、自分が見えると思っている」と大きな声が聞こえて眼がさめた。その意味が判らずに、朝の礼拝中に「その意味を知らして下さい」とお願いしていると、「大本の日は開祖であり、月は聖師である。弁護には、開祖と聖師の文献だけを使うように」とのことが判った。弁論の方針を証拠には開祖と聖師の文敵だけを使うこととした。

後日、神諭に関する書類証拠を作成することとなり、早速、共同墓地に移された綾部の開祖の奥都城に参拝して、その由を祈願したところ、たちまち啓示があった。それより大声で『神霊界』掲載の「大本神諭」を音読した。その中に「ふでさき」があって、

「つきひのおかげでめがみえるのに、いまのじんみんわれわれがみえるようにまんしんいたし

てをるぞよ」とあるのには吃驚《びっくり》してしまった。闇の中から夢の中で聞こえてきたのは、艮の金神の雷声であったのである。この弁論の大方針によって、証拠を提出し、弁論要旨を作成することができたのである。

昭和十六年　辛巳（かのとみ）　西暦一九四一年

○神聖神社の御神体

昭和十六年一月二十三日木曜日
出口王仁三郎控訴審公判第七回筆記　一二八頁
　鶴殿様トイフテ賀陽宮ノ大妃殿下ノ妹様ガ信者デアリ日本国ハ三種ノ神器ヲオ祭リセネバ不可ヌカラ之ヲ献納スルト云フテ大正十年石デ拵ヘタ小サイ三ツノ品ヲ御供ヘニナリマシタノデ　ソレヲ穴太ノ石ノ宮ニ入レテオ祀リシマシタ

○霊界物語への攻撃

昭和十六年一月二十三日木曜日
出口王仁三郎控訴審公判第七回筆記　補充訊門一四八頁
　浅野和三郎、正恭デモ○○デモ○○デモ○○デモ霊界物語ヲ非常に攻撃シタ　ソノ元ハ正恭デス

○出口王仁三郎日記

昭和十六年一月二十三日木曜日

出口王仁三郎控訴審公判第七回筆記　一一五頁

私ハ大正十四年カラ昭和十年十二月迄日記ガ附ケテアリマス

○聖師と配給制度

王仁を秤飯（未決中の差入弁当）にしたから配給になったのや。

（昭和十六年四月六日　大都市米穀配給通帳。外食券制実施）

○三千二百七十回の夢

王仁はここ（未決）で三千二百七十回夢を見たが皆覚えている。

（昭和十六年十二月二十四日　大阪若松刑務所）

○奇想天外デス

大阪控訴院第三刑事部法廷公判調書第三回

昭和十六年一月九日

問（高野綱雄裁判長）　盤古大神の現界への移写は瓊々杵尊《ににぎのみこと》及其ノ御皇統カ

答（出口王仁三郎）　ソンナ事ハ奇想天外デス、ソンナ事ヲ思フタ事モナケレバ三千万言ノ私ノ著書ニモソンナ事ハ一ツモ書イテアリマセヌ

○ヨロメいて警告

控訴院の法廷の前の廊下で、三木善建弁護人と弁論の内容について、夢中になって語り合っていますと、ドンとぶつかった人がありました。法廷に出席される聖師が杖をつきながら、ヨロメいてぶつかり警告されたのでした。聖師様のあとからは、高野綱雄裁判長、田村千代一、土井一夫陪席判事、平田奈良太郎検事が続いて法廷へ向かって歩いて来るところでした。

（昭和十六年）

○はじめての人に挨拶

大阪控訴院で公判が開廷される時は、聖師様、二代様、伊佐男様が、刑務所から廊下を通って法廷に這入《はい》られるので、御面会したいと全国から集まってまいりました。聖師は杖をつきながら、編傘をあみだにかぶって、ヒョロリ、ヒョロリンと歩いてみえまして、はじめて来た人だけに会釈して歩いていかれます。二代様は編傘を両手でささげて、皆にニコニコ笑って通られます。伊佐男様は、編傘をかぶって真っ直向いたまま、手錠をしたまま、歩いていかれました。二代様は「息子の嫁は私が帰ってから世話するから」など、語りながら歩いていかれまし

た。実に千両役者の行列でありました。あまり大勢が廊下にならびますので、弁護士が保釈にならないと心配した程でありました。満州国や中国や朝鮮や台湾からも集まりました。

（昭和十六年）

○我言霊

控訴審公判調書第七回昭和十六年一月二十三日

問　大正八年頃ヨリ毎年旧正月ノ元旦ニハ綾部ノ黄金閣デ六合拝ヲシタカ

答　左様デアリマス、四方拝ハ天皇陛下が遊バス御拝礼デスガ国民トシテ四方拝ニ両陛下即天地ヲ加ヘテ両陛下ノ御安泰ヲ祈ル六合拝ヲ作ツテシテ居リマシタ

問　其時被告人ハ天ガ下四方の国々悉ク我言霊ニ靡キ伏スラント云フ歌ヲ詠ンダカ

答　左様デアリマス、其我言霊ト云フノハ我ノ言霊デナク我国ノ言霊ノ意味デアリマス、我国ニ於テハ第一豊葦原ノ千五百秋ノ瑞穂ノ国ハコレ吾子孫の王タルベキ地ナリ云々ト云フ天祖ノ御神勅、第二、神武天皇ノ八紘一宇ノ御勅語、第三、和気清麿ノ奏上シタ我国ハ開闢以来君臣ノ分定マレリ、云々ノ御神示、之ヲ我国ノ三大言霊ト云フノデアリマス

○上申書　被告人　出口王仁三郎

畏ミ慎シミ裁判長殿ノ御前ニ上申致シマス抑々今回ノ大本事件ハ昭和三年三月三日ニ執

行致シマシタ、ミロク祭ガ不逞ノ結社ヲ組織シタルモノトノ許ニ審理ヲサレテ居リマスガ、元ヨリ大本ニハ左様ナ不都合ナ犯罪事実ハ皆無デアリマス、彼ノ沢山ナル大本文献ニモ不都合ト思ハレル点ハドコニモアリマセヌ、亦タ大本ノ行動ニ就キマシテモオ咎ヲ受ケマス様ナ事実ハ毫モ之レ無ク、国体明徴運動、国防運動等々思君、思国、思民ノ熱誠ノ溢ル・行動デ寧ロ褒メテ頂クベキモノト思ヒマス、大本デ唱エテ居リマスルミロク神政成就ヤ立替立直運動ハ畏クモ　天津日嗣天皇ノ世界御統一八紘一宇、一君万民ノ皇祖ノ御神勅ノ実現ヲ祈ル聖ナル活動デアリマシタ、被告等ハ斯カル事件ノ起リマシタ事ハ意外ニ存ジテ居リマス、只々警察官、検察官ノ聞取書ヤ予審調書ノミニ記載セラレテアリマスダケデ、ソノ実ドコニモ犯罪事実ナキコトヲ確信ヲシテ上申致シマス、大本教ソノモノハ敬神尊皇愛国ヲ説ク聖ナル団体デアリマシテ何等批難ヲ受ケル処ハアリマセン畏クモ明治三年一月三日　明治天皇ガ神道布教師ニ下シ給ハリマシタ三条ノ御教憲ヲ拝読致シマスルト

敬神愛国ノ旨ヲ体スベキ事

天理人道ヲ明カニスベキ事

皇上ヲ奉戴シ朝旨ヲ遵守セシムベキ事

仰セラレ詔ラセラレテアリマス、大本ニ於キマシテハ右ノ御詔勅ヲ基本ト致シマシテ今日迄赤子トシテノ御奉公ヲ励ンデ参リマシタ、此ノ尊キ御教憲ヲ遵奉セントスルモノハ日支事変ボツ発以前迄ノ数十年間ハ国民一般ニ省ミナカツタノデアリマスガ独リ大本ノミ之

ヲ唱導シテ居リマシタ、扨テ大本ヲ盛大ニシマシタ其ノ原動力ハ何ト申シマシテモ御筆先ニアルノデアリマスカラ其ノ筆先ヲ被告ガ義訓致シマシタ文献ガゴザイマスカラ左ニソレヲ抜萃サシテ頂キマス、平仮名ハ出口直ノ手ヲ借リテ神ガオ示シニナリマシタオ筆先デ漢字ノ分ハ被告ノ義訓デアリマス

雑誌『神霊界』大正八年七月一日号

大正ノ今日以前富豪高官得其処而《いままではかみよく》　下民失其処泣生活難而自暴自棄者瀕出之濁世《てしもいけぬよ》矣。官吏地主資本家《かみありてのしも》而人民小作労働《しもありてのか》者有下級民有而上流民有非上下一致億兆一心霊肉調和《みかみしもそろはなこのよはおさ》天下之政道不得《まらぬぞ》　平《よ》安無事矣以　優勝劣敗自由競争国土侵略之野獣的社会政策不能平治《ようふくではおさまらぬかみしも》明上下、本末、自他公私之区別而令《そろへてもとのむ》　万民安信其処《かしにも》　焉神祖建国大精神発揚《どすぞよ》矣。

雑誌『神霊界』大正七年七月十五日号

神仏宣教師教主並補弼《かみとなれば》重臣行政官打見留嶋之崎々掻《すみずみまでも》見留磯之隅々無遺漏精　察《きをつけるが》民之寒暑生活《かみの》　状態注意周到是施政者職責任務矣上流社会独得意満足治平不可能《やくかみばかりよくてもいかんぞよ》而、上下不揃現界不平不治《かみしもそろはないかんぞよ》焉。

右ニ節ノ筆先ノ義訓ニヨリマシテ、被告人ノ精神ノ奈辺ニ存スルカヲ御賢察下サルコトヲ御願ヒ申上デマス

●『出口王仁三郎全集』第二章「皇道本義」中ニ

「皇道ノ本義ハ畏《かしこ》クモ万世一系ノ皇統ヲ継承シ給ヒテ日本神国ニ君臨シ地球上ニ於ケル主師親ノ三徳ヲ具備シ給フ天津日嗣《あまつひつぎ》天皇ガ天ガ下ヲ安国ト知食給フ乾霊授国ノ本旨ヲ達シ給フ御経綸ノ神法神則ヲ皇道ト唱ヘ奉ルナリ然リ而シテ綾部ノ大本ハ皇祖ノ御遺訓ヲ皇国固有ノ言霊学ノ上ヨリ将又大本開祖二十七年間ノ神諭ノ御精神ニヨリ真解ヲ施シ我皇民ヲシテ皇道ノ大本ヲ知悉セシメントスル惟神《かむながら》ノ霊府ニシテ直チニ皇道実現実行ノ首府ト謂ハンハ非ナリ、如何トナレバ皇道ノ御実現御実行ナル神業ハ畏クモ一天万乗ノ至尊ノ御天職ニ坐スガ故ナリ、臣民タルモノハ唯々皇道ノ大精神大本元ヲ会得シ以テ上御一人ノ御天職ヲ忝《かたじけ》ナミ神国臣民タルノ本分ヲツクシ神ト皇上トノ洪恩ニ報ヒ天津誠ノ神教ヲ遵奉シ麻柱ノ大道ヲ守リ忠良ノ臣民トナルノ心掛ヲ片時モ忘却スベカラザルナリ、要スルニ皇道トハ畏クモ　天津日嗣天皇ガ天下ヲ治メ給フ御政道ノ意義ニシテ「皇道大本」ハ其ノ意義ノ大本ヲ根本的ニ奉釈シ天下万民ヲシテ皇国々体ノ尊厳無比ナル真理ヲ了得セシメ忠孝両全ノ日本魂ヲ涵養シ錬磨セシメントスル教庭ナリ」以下省略

●『皇道大意』第一篇第九章「天祖予言」

「……古ノ学者ハ天壌無窮ノ予言ト万世一系ノ神蹟ヲ説キシモノ尠《すくな》ク故ニ皇道ノ教理未ダ万国ニ弘布セザリキ、今ヤ天運循環ノ神律ニヨリ天祖ノ予言ト神蹟並ニ国祖ノ神訓神

蹟ヲ説クベキ時期ノ到達セルヲ知ル、皇道ノ大本、皇道皇祖ノ御遺訓神蹟ニシテ明確ニ宣布サレンカ世界万国ノ民亦必ズ相率ヒテ皇道ノ教理ニ帰順スベシ如何トナレバソノ予言ト神蹟トハ確拠明徴アリ以テ大ニ信従スルニ足ルモノアルヲ以テナリ」以下省略

●『道の大原』中ニ

「政ハ万世一系ナリ」天照大神ノ神勅ヲ奉ジテ天上ヨリ下土ニ降臨シ給ヒ主師親ノ三徳ヲ具備シテ全世界ヲ平ラケク安ラケク知食シ給フ　天津日嗣天皇ノ御天職デアリマス、由来天上ノ厳正ナル御政治ヲ地上ニウツサセ給ヒシ神聖ノ国土ハ豊葦原ノ水穂中津国ナル我日本国デアリマス。

天上ニ於テハ、君、大臣、小臣、民ノ四階級ガ正然トシテ区別サレ各自霊性ノ位ニ応ジテ完全無欠ノ神政ガ永遠無窮ニ樹立サレテアルノデアリマス其ノ天上ノ神聖ナル政治ヲ地上ニ移シテ天上ト地上トヲ真釣リ合ヤテ神政ヲ施シ給フ我　天津日嗣天皇ノ惟神ニ定マレル御天職デアッテ、決シテ臣民ノ夢ニダニモ窮ヒ奉ルベキ事柄デハナイノデアル、中世平将門ヤ弓削道鏡ノ輩ガ畏クモ天位ヲ窮ヒ奉ツタ事ガアリマシテモ忽チ天譴《てんけん》降下遊バサレテ遂ニ滅亡シタノモ皇国天位ノ尊厳無比ニシテ神聖犯スベカラザル証拠デアリマス（省略）

以上ノ文献ハ大本ノ書籍ノ各所ニアリマス

●『王仁三郎全集』第二巻「神政復古ノ本義」ヨリ

明治天皇ガ王政復古ト同時ニ神政復古ノ御聖慮ニ坐マセシコトハ明治三年正月祭政一致ノ制ヲ明カニシ「大教宣布」ノ詔ヲ下シ給フタノヲ拝誦スレバ頗《すこぶ》ル明瞭ナル事実デアリマセウ即チ詔ニ曰ク

「朕恭シク惟《おもん》ミルニ天神天祖極ヲ立テ統ヲ垂レ列皇相承ケ之ヲ継ギ之ヲ述ブ祭政一致億兆同心治教上ニ明カニシテ風俗下ニ美《うる》ハシ然シテ中世以降時ニ汚隆アリ道ニ顕晦アリ治教恰ネカラザル久シ今ヤ天運循環百度維レ新ナリ宜シク治教ヲ明カニシ以テ惟神ノ大道ヲ宣揚スベキモノナリ因リテ茲ニ宣教師ヲ命ジ天下ニ布教セシム汝群臣衆庶其レ斯ノ旨ヲ体セヨ」

神政復古ノ御聖旨ハ斯ノ如ク明カニ御宣布ニナリマシタケレドモ、宣教師ニ任ゼラレシ人々ニ日本皇国本来ノ惟神ノ道ガ理解サレズ従ツテ神政復古ノ聖旨ニ対ヘ奉ルコトガ出来ズシテ明治五年三月ニハ既ニ「神祇省」ガ廃サレ「教部省」ガ立チ仏教トノ合併院タル大教院ノ設立ヲ見ルニ至リマシタ、明治八年五月ニハ大教院ヲ廃シタト同時ニ全ク祭政一致ノ聖旨ガ消ヘ去ツタ様ナ有様ニ立到ツタノハ何ントモ申上ゲヤウノナイ恐レ多イ事デ実ニ痛恨限リナキ次第デアリマス。

斯様《かよう》ナ痛恨限リナキ次第ナリシニモ関ハラズ神道者流ハ一向ニ本来ノ日本国教ニ関シテ寝食ヲ忘レテ研讃スルダケノ熱心モナク亦徳能モナク時流ニ任セテ惰眠ヲ貪ルト云フ有様

デ経過致シタノデアリマス、王政ノ本義全ク完成致シマシタト同時ニ神政ノ復古ハ国民ノ一切カラ払ヒ去ラレテ唯一人トシテソレニ心付クモノハ無クナツタノデアリマシタ、然ルニ明治二十七、八年戦役ヲ終リマシタ頃ヨリ神勅ヲ不思議ニ蒙リマシタル丹波ノ国ノ一角ニ神典研讃ノ曙光ガ発シタノデアリマス、蛍火ノ如キ小サキ光デアツタケレドモ貧者ノ一燈ニ根強イ金剛力ガアツタ為ニ漸次ニ発見サレタ事実ハ直チニ偉大ナ事実デアツタノデアリマス此ノ時代ニハ古典ノ研讃者ト云フノハ本居豊穎《もとおりとよかい》氏ノ古イ意味ノ研讃者ガ多少ハ命脈ヲ継イデ居リマシタガ一般ノ世人ハ一人トシテ斯様ナ古イ利益ニ遠イ世間ニ疎イ学問ニハ耳ヲ傾ムケルモノハ無カツタノデアリマス稗田《ひえだの》阿《あ》礼《れ》ガ出生シタル隣郷ニ生レマシタ王仁三郎ハ何ントナク尊イヤウナ何ントナク為サネバナラヌ気ガスマヌ様ナ気ガシテ牧畜業ノ傍ヲ比較的熱心ニ研究ニ従事シマシタ為メニ追々ニ深遠ナ義理ガ了解サレテ来テ終ニハ世界唯一ノ大極典（古事記）ヲ詳解シ得ルマデニ到ルヤウニナリマシタ。

爰《ここ》ニ尤《もつと》モ不可思議ニ感ゼラル、モノハ吾人ノ研究ノ歩ガ進メバ進ムホド、世ノ中ガ神典ノ研究ヲ必要ナラシメテ来タコトデアリマシテ、吾人ノカクレタル研究ガ常ニ現実ニ世上ニ証明サレル様ナ気ガシテ略《ほぼ》研究ノ大成ヲ見ルノ日ニ神政復古ノ曙光ガ明確トナリ旭日昇天ノ日ノ近キヲ自覚スルニ至ツタノデアリマス…中略…皇宗神武天皇ノ奠都ノ宣命ヲ按ジ奉ルニ

「上ハ則チ乾霊国ヲ授クルノ徳ニ答ヘ下ハ則チ皇孫正ヲ養フノ心ヲ弘ム」ト

「聖代ハ実ニ神典ノ徳ノ現ハレマス時デアリマシテ亦国祖国常立之神ノ御稜威発光ノ時運デアリマス」

「然シテ後ニ六合ヲ兼ネテ以テ都ヲ開キ八紘ヲ掩《おお》ヒテ宇トナスコト亦可ナラズヤ」

斯ノ御詔勅ノ御本義ノ実現サレマス事ハ全ク神政復古ノ所以デアルコトヲ確信スルモノデアリマス、大々的ニ神秘ノ宿リ坐ス所デアリマス」以下省略

右ハ大本文献ノ一部分ノ記事ニ過ギマセヌガ京都府警察ノ無理解ナル御調以来大問題ノ如クアツカワレテ居マシテ治教ノ意義ハ前ニ奉掲致シマシタ通リ畏クモ明治天皇ノ大教宣布ノ御詔勅ニアリマスル明文デアリ同詔勅中ニ「治教」ト言フ文字ガ三ケ所モ録サレテアリマス、斯ノ治教トハ皇国固有ノ「古神道」ノ意義デアルト拝スルノデアリマス、亦右御詔勅ノ御意義ハ「神政復古」ノ道ヲ宣布セヨトノ聖旨デアリマス、吾人大本人ハ天皇ノ大御心ヲ奉体シ遵守致シマシテ皇道大本ト称シテ「治教」ヲ宣布シ神政復古即チ之ヲ平易ニ元ノ昔ノ神代ニ戻スト申シテ居ルノデアリマシテ、「治教」ト謂ツタノガ悪イトハ思ヒマセヌ、亦神政復古ハ畏クモ明治天皇ノ御聖旨デアツテ大本ハ大御心ニ叶ヒ奉ラント努メテ居ルノデアリマス、至仁至愛《みろく》神政トハ天津日嗣天皇ノ御稜威ガ八紘ニ暉《かがや》キ道義的ニ統一遊バサレ皇祖皇宗ノ御本旨御委属ニ答ヘサセ給フ御事デアルノハ古典ニ明カニ示シテアリマス、然ルニ警察、検事局、予審廷ニ於テハ「治教」トアル大本文献、神政成就等ノ文献ニ対シテ不敬、不逞トシテ裁判ノ資料トナサレマシタガ被告人ハ不思議デナリマセヌ、要

シマスルニ皇典ノ御研究ナキ方々ニハ何程説明申上ゲマシテモ御分リ下サラヌデ被告モ当惑致シマシタ、何卒宜シク、大本主張ノ正否ヲ御賢察御願ヒ申上マス

（大本ノ主唱スル皇道、王道、覇道ノ差異）

	神	君主	統治ノ基本	徳	指導原理	位	社会心理
皇《ヒノ》道《モト》 霊主体従	主神 天照皇大神	天立	天意	神徳《ミイズ》	三種神器 主師親	万世一系 天壌無窮	天皇中心 君民一如
王道 体主霊従	盤古大神	民立	民意	人徳	仁義	禅譲放伐	民ヲ重シトシ社稷之ニ次ギ君ヲ軽シトス
覇道 力主体霊	大自在天神	自立	我意	力徳	名利栄達 生存競争 欲望	盛衰無常	自己中心 科学万能 黄金万能

右ノ図ハ大本文献ニ現ハレタル皇道観デアリマス

●大本事件ノ予審決定ニ就イテ

一、予審終結決定ニ依リマスト「国常立尊《くにとこたちのみこと》、豊雲野尊《とよくもぬのみこと》、撞《つき》ノ大神《おおかみ》ハ出口王仁三郎ヲ機関トシテ顕現シタルヲ以テ」ト書イテアリ「又至仁至愛ノ神及素盞嗚尊《すさのおのみこと》ハ出口王仁三郎ヲ機関トシテ顕現シ」トアルノデアリマス、抑々《そもそも》機関ト申シマス語ハ道具ノ意義デアル事ハ現今ノ学者ノ意見デアルコトハ争ヒノナイ所デアリマス、ソシテ道具ニハ意志ガアリマセヌ、仮令《たとえ》道具ソノモノヲ霊代又ハ霊台ト致シマシテモ、霊代、霊台ニハ意識ハアリマセヌ、之ニ由リテ之ヲ考ヘマスルト、其主謀者ハ以上列挙サレマシタ五柱ノ大神デアル様ニ見エ、国体変革者ハ無形ニ坐ス神々デ予審終結決定書モ神々ニ対シテ御書キニナリマシタ様デ被告人ニハ法律ヲ解セナイ為カドウシテモ合点ガ出来マセヌノデアリマス

一、亦タ予審終結決定書ニハ「盤古大神《ばんこだいじん》即二二岐尊《ににぎのみこと》」（一柱ノ神）ガ日本ニ来ラレタト云フノガ国体ヲ変革ノ理由ニナッテ居リマスガ、一審裁判所ニ於ケル小野検事ノ御論告ニハ「盤古大神並ニ二二岐尊」（即チ二柱神）ガ並ンデ出現ニナリマシタノガ国体変革ノ理由ナリト仰セラレテ居ルノデアリマス。予審判事殿ト検事殿トノ御主張ガ斯ノ如ク相違アル理由ハ元ヨリ大本文献ノドコニモ無イ無根ノ作リゴトデアリマシテ、的確不動ノ証拠モ事実モナキ所ヨリ起リシモノトヨリ信ズルヲ得ナイノデアリマス。

一、瑞祥新聞（昭和十年二月一日号ノ第一頁）ニ

皇道大本ノ根本大目的ハ世界大家族制度ノ実施実行デアル、畏クモ天下統治ノ天職ヲ惟

神ニ具有シ給フ天津日嗣天皇ノ御稜威ニヨリ奉ルノデアル、先ヅ我国ニソノ国家々族制度ヲ実施シ以テ其好成績ヲ世界万国ニ示シテソノ範ヲ垂レ治国安民ノ経綸ヲ普及シテ地球ヲ統一シ万世一系ノ国体ノ精華ト皇基ヲ発揚シ世界各国皆ソノ徳ヲ一ニスルノガ皇道大本ノ根本目的デアッテ、皇道維新、神政復古ノ方針デアル幾千年来未ダ平和ノ曙光ヲ見ルコトノ見当サヘ付カナイノハ古往今来大誤謬《ごびゅう》的国家経綸ノ根本ヲ変革セシメ給フ天下窮通ノ神律デアッテ要ハ神聖ナル大日本天皇ノ御稜威ト皇道ノ宣揚ニ依テ世界ヲ救済シ統治シ給フ神力ニ外ナラヌ次第デアル、開祖当時ノ神諭ニ七王モ八王モ王ガアレバ世界ノ苦舌ガ絶エヌカラ神ガ表ニ現ハレテ戦ヒデ世ヲ変ヘテ神ノ血筋ノ一ツノ王デ治メルゾヨトアルノヲ見テモ万世一系ノ天皇ノ享有シ給フ世界的主師親ノ三大権ヲ発揮シ給フベキ日ノ到来スルコトハ火ヲ見ルヨリモ明カデアル」以下略。

以上ハ大本文献ノ一端デアリマシテ第一審公廷ニ於ケル林逸郎弁護人ノ検事殿ノ御論告ニ対スル弁論デアリマス

林氏ノ言

以上記載セル大本文献ニヨリテ皇道大本ノ根本目的ヲ明カニシテ居ルモノト思フノデアリマス

然カ致シマシテ右瑞祥新聞ノ記載ハ大正六年三月ノ神霊界大正維新ニ就イテト云フモノカラ転載シタモノデアラウト思ハレルノデアリマス（中略）

大本ト致シマシテハ重要ナル文献ノ一ツデアルト思フノデアリマス

是ハ何処ガ悪イノデアリマスカ同様ノコトハ又大正八年八月十五日号ノ神霊界ニモ出テ居ルノデアリマス

「万世一系ノ皇統ヲ戴キ天壌無窮ノ皇運ヲ扶翼シ奉ツテ祖先ノ遺風ヲ顕彰シ世界万国ヲ神皇ノ徳沢ニ浴セシムルヤウ各自ニ努力シナケレバナラヌノデアル」

ト斯フ云フノデアリマス、此ノ検事ノ御主張ヲ拝見シマスルト検事ハ劈頭《へきとう》ニ於テ大本ノ根本大目的ヲ御述ニナツテ大本ノ主張行動ガ毫モ法律ニ触ル、所ナキ事ヲ絶叫サレテ居ルノデアリマス是ハ論告ノ脱帽ト云ハナケレバナラヌノデアリマス、無罪ナリトノ論告ヲナサレタルモノト喜ビ解釈セザルヲ得ナイノデアリマス

検事ガ劈頭ニ於テ大本ノ根本目的トシテ御主張ニナツテ居リマス此ノ点ヲ改メテ御捨テ去リニナラヌ限リハ被告人等ニ不逞ノ考アリタリトナス根拠ハ根底ヨリ失ハレテ居ルト言ハナケレバナラヌ、

若シモ此ノ我大日本帝国ハ万世一系ノ天津日嗣天皇ノ治メ給フモノデアルト云フコトガ書イテアルコトガ国体変革ノ目的ヲ書イテアルノデアルト云フ御解釈ヲサレントスルニゴサイマシタナラバ出口家ハ万世一系デアルト云フコト、出口王仁三郎ガ天津日嗣デアルト云フコトヲドウ云フ風ニ説明シ潜称シテ居ルカト云フコトノ明証ヲ挙ゲナケレバナラヌ大本ニ於テハ斯ル主張ハ断ジテ致シテ居ナイノデアリマス、王仁三郎ハ上田家ニ生レテ出口

家ニ養子ニ行ツテ居ルコトハ誰憚ラヌコトデアリマス、万世一系ドコロカ既ニ自分ガ二系ニナツテ居ルノデアリマス、次ニ御筆先ノ中デ出口家ハ女系デ継ガナケレバナラヌト云フコトニ相成ツテ居ル、すみガ二代ノ教主ニナツテ、朝野ガ三代ノ教主ニナルノデアル一系ドコロデハ無イノデアツテ歴代系ヲ変ヘナケレバナラヌト云フコトガ書イテアル出口家ハ二代一系ヲモナイコトハ斯ノ如ク明瞭デアリマス（以下省略）

上申書ノ続キ

●十二月十一日出口王仁三郎（一回）

一、分離第一回公判調書

第百七十一次御訊問ニ

問　何レニスルモ人間心カラ出タノト違フノカ」

右御訊問ニ対シマシテ

答　左様デス」

トアルノヲ

左様デアリマセヌ」

ト訂正致シマス

●十六年一月九日出口王仁三郎（三回）

一、分離三回公判調書

問　被告人ノ挙ゲタ例デ云ヘバ東京へ行カウト思フノハ国常立尊デアリ東京へ行ク事ハ素盞嗚尊ノナサレル事ニ当ルノデナイカ」

トノ御訊問ニ対シテ

答　左様デアリマス」

トアルノヲ

左様デアリマセヌ」

ト訂正致シマス

私ノ例エハ申上ゲ方ガワルカッタカ知リマセヌガ更ニ申上ゲマスレバ在大阪ノ松吉ガ東京へ行コウト思ツテ東京へ着キマシテモ依然トシテ在東京ノ松吉デ決シテ竹吉デハアリマセヌ故ニ国常立尊《くにとこたちのみこと》ハ素盞嗚尊《すさのおのみこと》デハアリマセヌ

●一月二十三日出口王仁三郎（七回）

分離公判第七回調書

第百二十二次御訊問ニ

田中文吉ト言フ陸軍大尉云々ト申上ゲマシタノハ田中軍吉ノ誤リデアリマスカラ改メテ

訂正致シマス

●次ニカムガカリニ就テ少シ上申致サシテ頂キマス　　被告ハ

一、

静岡県下清水稲荷講社総本部総理ノ長沢雄楯《ながさわかつたて》師ヨリ左記得業証ヲ頂キマシタ

辞令ノ写

中監督、上田喜三郎

鏡魂帰神ノ二科高等得業ヲ証ス

明治卅一年五月廿五日

稲荷講社総本部総理印

●次ニ本田親徳《ほんだちかあつ》祖師ヨリ長沢雄楯師ニ相伝サレ雄楯師ヨリ被告人ニ伝エラレタ神伝秘書ト申ス水晶軸ノ巻物ガアリマシテソレハ右ノ得業ノ辞令ト共ニ綾部本宮山ノ穹天閣階上ノ箪笥ノ小引出シニ入レテアリマシタカラ検挙ノ際押収サレタ証拠品ノ中ニアルコト、思ヒマスカラ良ク御査ベヲ願ヒマス

●神伝秘書ノ内容ヲオボロゲノ記憶ヲ辿リ適格ナル部分ノミ左ニ記シマス

一、神界ニ通ズルノ道至貴至重猥リニ語ルベキモノニアラズ（中略）其修シ得ルニ到ツテハ至大無外至小無内無遠近無大小無広狭過去ト現在ト未来ヲ問ハズ一モ通ゼザルナシ惟レ即チ惟神ノ妙法

神感法ノ心得

一、幽邃ノ地閑静ノ家ヲ選ブベシ

一、身体ヲ整ヘ瞑目静坐スベシ

一、身体衣服ヲ清潔ニスベシ

一、心神ヲ澄静ニシ感触ノ為ニ擾レザルヲ努ムベシ

一、一意ニ吾霊魂ノ天之御中主大神ノ御許ニ至ル事ヲ黙念スベシ

一、感覚ヲ蕩尽シ意念ヲ断滅スベシ

一、精神正シケレバ即チ正神ニ感合シ邪ナレバ即チ邪神ニ感合ス精神ノ正邪ト賢愚ハ直チニ幽冥ニ応ズ最モ戒慎スベシ

一、一切ノ妄想ヲ除去スベシ

審神者ノ心得

一、神界ニハ正神ト邪神界トアルコトヲ知ルベシ

一、正神界ト邪神界トハ正邪ノ別、尊卑ノ差アルコトヲ知ラズバアルベカラズ

一、荒魂《あらみたま》、和魂《にぎみたま》、奇魂《くしみたま》、幸魂《さきみたま》ヲ知ラズバアルベカラズ

一、正神界ニハ一百八十一ノ階級アリ邪神界又之ニ同ジ正邪合セテ三百六十二法ノ感合法アリ

一、自感法　上中下　三法

一、他感法　上中下　三法

一、神感法　上中下　三法

(中略) 幽冥ノ秘、妄リニ語ルヲ禁ズ此書ノ他見ヲ許ス可カラザルモノ実ニ茲ニ存ス云々

(後略)

謹ンデ申上ゲマス神憑、神懸、帰神ヲ総称シテ一般ニカムガカリト申シマスケレドモ被告人ガ数十年間ノ経験ニ依リマスト其感ジ方ニ動作ニ大ナル差異アルコトハ御訊問ノ際申上ゲマシタ通リデアリマス

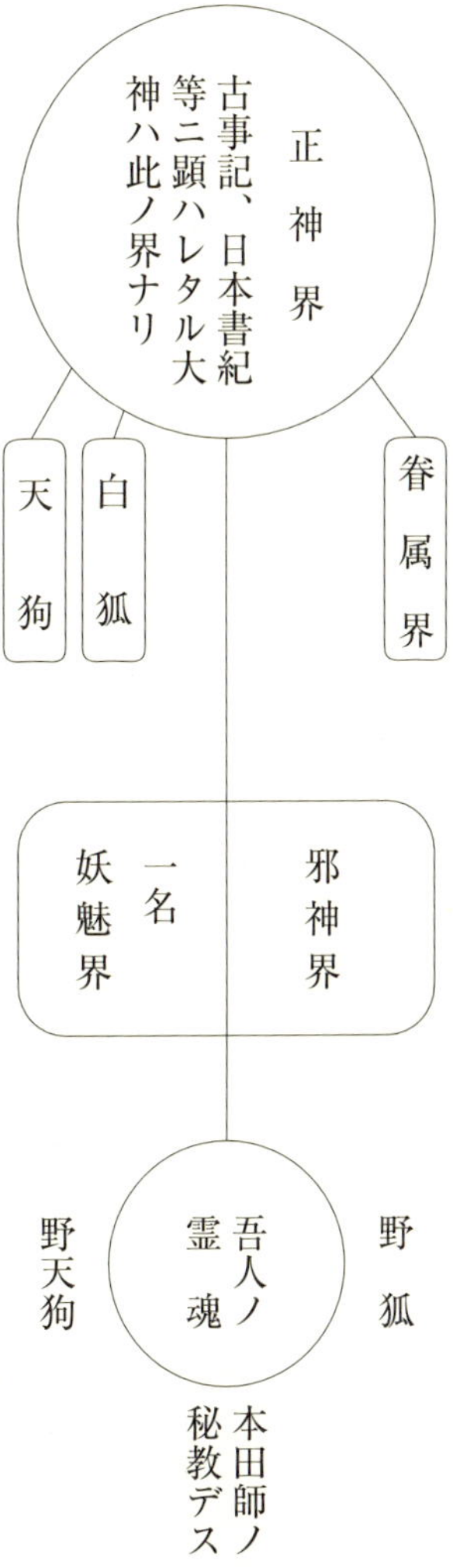

（右ハ帰神者ノ秘ナリ）

追上申仕候

一、神伝秘書審神者ノ心得ノ中左記ノ項目ヲ加ヘルコトニ致シマス只今思ヒ出シマシタ

一、神ニ公憑私憑アルヲ知ラズバアル可ラズ

公憑トハ甲乙丙丁ノ区別ナク得道者ノ一般ニ感合シ玉フ神霊ニシテ私憑トハ一人ニ限リ他ノ行者ニ感合セザル神霊ニシテ大抵眷族界ノ神霊也。

一、児屋根《こやね》ノ命《みこと》ノ布刀麻邇《ふとまに》ハ鹿骨ナリ之レ現界ノ法也

一、神界ニテハ無声ニ聞キ無形ニ視無算ニ数ヘ玉フ故ニ現界ノ法トハ各別ナルヲ知ルベシ

一、大本デハカムガカリノ状態ニ付キ霊界物語ニハ直接内流、間接内流、直接外流、間接外流ノ区別ヲシテ説イテ居リマス文献ニヨリテ御調ベガ頂ケマスレバ有難ク存ジマス

●言霊学ニ就イテ被告人ハ所信ノ大要ヲ申上ゲマス

畏クモ皇宗天武天皇ハ斯乃邦家之経緯王化之鴻基焉ト詔ラセ玉ヘル皇典古事記ハ天津日嗣天皇ノ治国平天下ノ最尊最貴ノ御経綸神書ニシテ日本国ニ天照リ幸ヒ玉フ言霊学ノ大教典デアリ全世界統理ノ大予言書デアリマス、サレバコソ古来我ガ皇国ヲ一、言霊ノ天照ル国、一、言霊ノ幸フ国、一、言霊ノ生ケル国、一、言霊ノ助ケル国等ト申シマシテ言霊学ハ皇国最貴ノ古典ニ基イテ解説スル学問デアリマス併シ乍ラ学王学ト唱ヘラレテ居ル本言霊学モ未ダ完成シテ居ナイカモ知レマセヌ中村孝道《なかむらこうどう》師主唱ノ一言一義言霊解、杉《すぎ》庵思軒《いおしけん》師ノ同主義言霊学解、本田親徳師ノ言霊説並ニ山本秀道《やまもとしゆうどう》師、大石凝《おおいしごり》師唱導ノ一言多義ノ言霊解等各自多少ノ解説ニ差ガアリマス、被告人ノ唱フル言霊学モ右列記諸先生ノ解説ヲ参照シ且ツ日夜研究シテ得タル学理ニ依リテ大本独自ノ言霊ヲ説キ出シマシタ、次ニ故人トナリマシタ岩田久太郎氏モ言霊学ノ一派ヲ立テ、大本ノ出版物ニ掲載シテ居リマス右ハ大本ノ雑誌ヲ御覧願ヘバ明白デァリマス仝人ノ言霊学モ多少解説ガカワリテ居リマス

次ニ大本神諭筆先ノ精神ヲ言霊解シタモノヲ左ニ引例致シマス
平仮名ハ本文漢字ハ其ノ意義
『全世界統主万世一《うしとらのこんじん》系天壌無窮之神政成就大神勅《おほくにとこたちのみこと》が天晴《あつぱれ》全地球《せかい》に顕現《あらわれ》太初《むかし》の大経綸《しぐみ》を完全具足《じょうじゅう》し給ふは即ち霊能発揚皇運発展《ひのでのしゅごう》守護となるので在ります』ト大本文献ニ明記シテ居リマス御一覧御覧察ヲ願ヒマス

●謹ンデ言霊学応用ノ引例ヲ左三節上申仕リマス

『神霊界』大正七年七月一日号三頁「神諭に就て」（引用範囲は二七七頁最終行まで）

「大本開祖の御神諭の文中に幾度となく明治二十五年以来艮の金神は世の本の誠の生神であるぞよ昔の神代に余り神力が強過ぎて八百万の神々に嫌はれて艮《うしとら》の隅へ押し込められて居りたから物質の世になりて了ふて強い者勝ちの畜生の世になりて居りた世を時節参りて艮の金神の世に成りたから是れから表に現れて三千世界を一つに致して外国天竺《てんじく》も一つに丸めて天下泰平に世を治めて人民を安心さすぞよ云々

　大本開祖の神諭は極東日本のみの事を記されたのではありませんから下津岩根の綾部の霊地から東北にある丹波の国の男島女島へ退去して居られたと云ふことは実際は譬《たと》への様なものであります、併し乍ら大神の御威霊の一部分は確かに此の両島に潜伏されて天運循環の時機を待つて居られたのであります要するに艮の両島は日本国の縮図としての示教であります、抑《そもそ》も艮と言ふ意義の大要は艮《ハジメ》、艮《カタメ》、艮《トドメ》の意義でありまして我地球の東北即ち艮に位する日本神国は天地創造の最初に大神の修理固成された国でありますからウシトラ（艮）は艮《ハジメ》とも艮《カタメ》とも申すのであります此の尊き日出づる艮の神国は世界を統一し世界万民を愛護すべき天職を天賦的に保有せる国でありますから艮《トドメ》を刺すべき国であります此の日本の神国に出生せる顕幽の身魂は残らず神界に於ては艮の大神の御子であります艮の大神を国常立神言《ミコト》と申す訳は『国は世界各国の意義』で『常立とは万世一系天壌無窮の意義』『神言《ミコト》は神勅《ミコト》』でありまして皇祖の御遺訓神典古事記の明文に詔らせ給へる

天照大神＝皇孫に勅して日く

豊葦原千五百秋の瑞穂国（地球）は是我子孫之王たるべき地なり宜しく爾皇孫就て治むべし宝祚の隆まさんこと将に天壌と与に窮まり無かるべし

即ち右の天照大神の依さし給ひし御神勅は世界和平統一の天権を我皇孫命に附与し給ふのであります。国常立神言とは天津日嗣天皇の御天職を発揚し奉るの神勅なるを知ることが出来るのであります。

御神諭に現はれたる艮へ押し込められて神力が薄くなりて居りたぞよとあるは所謂皇祖の聖訓たる国常立神言の稜威の地球上全体に光被せられずに僅かに東北の島国現在の日本国に局限されて未だ海外に御神勅の実現を見る能はざりし事の意義であります然るに今や天運循環の神津に依り我皇国民一致して世界統一天下経綸の時機到来に接近せし事を『曙

の鳥に近よりて日の出の守護になるぞよ云々』と仰せられたのであります日の出の守護と仰せられたるは我天津日の御子に坐します我　天皇が地球全体を統治し給ひて皇祖の御遺訓に奉答し給ふ時代を示されたのであります実に今日迄は三千年の長年月歴代の聖皇は隠忍以って和光同塵の神策を踏襲し給ひ皇運発展の時機の到来を待たせ玉ふたのは実に畏れ多き事でありまして『艮の金神国常立神言は永らくの間口惜し残念を堪忍り堪忍りて茲迄来たぞよ』と仰せられしも此の事を示し給ふたのであります……中略……艮の大神の神諭に『斯の神は世界の元の先祖で在るのに昔の神代に悪神に押し込められて少し斗りの地を頂き（極東日本国）て神力を隠して口惜しい残念を堪忍りて来たぞよ』云々とあるは即ち活動の場所を局限されて充分の神力を発揮し給ふ事を得なかったので実に恨めしく思ふたとの御意義であります　限と言ふ字は小里に艮と書き恨しいと言ふ字は心に艮と書くのも皆この深遠なる意義から出たのであります　又御神諭に『昔の神代に世を戻すぞよ神が表に現はれて三千世界を神国に致して天下泰平に世を治めるぞよ』とありますのも艮を 艮《オサムル》と読み、艮を艮《モドス》と読むのを見ても世界の東北《ウシトラ》日本国の既住なり、将来の天職が明らかとなるのであります。

亦莫《ハラ》に艮を艱《ナヤム》と読み亦ハバムともトコシバリとも詠む意義は地球の東北に位する日本神国の、天津日嗣天皇は三千年を通じて天歩艱難を凌がせ給ひつ、時機の到来を待たせ給ひたるも古き神代よりの御経綸の存し給ふ事であります」

昭和ノ今日デハ新世界ノ新秩序東亜共栄圏等　天皇ノ御天職ガ中外ニ発揮サレントシテ居ラレマス

●『霊界物語』第一巻第十八章「霊界ノ情勢」ノ中百三十四頁二行ニ

「ところが天孫降臨以来国家と言ふ形式が出来上り所謂《いはゆる》日本国が建てられた」

（註）日本国が建てられましたのは第一代の天皇肇国知食天皇様で即ち神武天皇の御宇でありますから二二岐命《ににぎのみこと》の御宇ではありませぬ

「従って水火沫《しほなは》の凝りてなれるてふ海外の地にも国家が建設されたのである。偖《さ》て所謂日本国が創建され諸々の国が分れ出でたる時支那に生れ給ふた盤古大神は豊葦原の中津国に来り給ひて国祖の後を襲ひ玉ふた上《うへ》」云々

（註）太古は地球の中心小亜細亜地方に天祖、国祖居られましたが国祖は盤古神王と申す神に追はれて遂に東北の国土即ち艮へ退去され斯の艮の狭き国土に時を待ち玉ひました然して漸く神武天皇の御宇日本国が肇められると亦もや日本国の霊界艮金神の地位迄も襲はれたので国祖は太古にも日本創立後にも地位を襲はれ玉ふたのであります現代に到りましても盤古は日本及び世界を乱しつつあるのであります

国祖ハ日本主義ノ持主神デアリ盤古ハ反日本主義デ○○ノ民主々義モ盤古思想デアリマス

「八王大神と云ふ直属の番頭神を御使ひになつて地の世界の諸国を統轄せしめ給ふた」云々の記事は凡て題目の如く「霊界の情勢」を説いたものであります（中略）斯うゆう風なのが今日国常立命御復権迄の神界の有様である

（註）国常立尊の御復権とは日本天皇の世界に君臨し給ひて世界統治の神勅を実現し日本を世界の宗主国と迄進め給ふの意義であります

●ミコトに就て

古事記ニハ（命）日本書紀ニハ（尊）

言霊学ニハ（神言）（神勅）

道ノ大原ニハ（体異）（体別）ト書キマス

●霊界物語に就て

霊界物語第一巻序文ニ

「この『霊界物語』は天地剖判《ぼうはん》の始めより天の岩戸開き後、神素盞嗚命《かむすさのをのみこと》が地球上に跋扈《ばつこ》跳梁《ちようりよう》せる八岐大蛇《やまたをろち》を寸断し、遂に叢雲宝剣《むらくものほうけん》を得て天祖に奉り、至誠を天地に表はし五六七《みろく》神政《しんせい》の成就云々」ト出テ居リマシテ要スルニ霊界的物語デアリマス而シテ素盞嗚《すさのを》尊《みこと》ヲ宗教上ノ救世主トシテ著ハサレタモノデ一方デハ劇作的デアリ一方デハ神諭ノ解説

書トシテ作ラレタモノデ決シテ悪イ書物デハアリマセン

一、霊界物語第三十七巻序文ニ

「（前略）八岐大蛇や邪神悪狐の霊魂を言向け和《やは》し遂に出雲の日の川上に於て村雲の剱を得て天照大神に奉り五六七神政の基礎を築き固め天下万民の災害を除き救世の大道を樹立し給ひし長大な物語であります」

以上ノ序文ニ依リマシテモ素盞嗚尊《すさのおのみこと》ノ忠誠心ガ明ラカニ判リマス即チ素盞嗚尊《すさのおのみこと》ハ邪神掃蕩ノ神業ヲ遂行セラレ終ニ「世界経綸ノ本能ヲ保有シ給フ」テフ草薙剣ヲ天祖ニ奉献サレルト云フノデアリマスカラシテ御皇統ノ世界統一シ給フコトヲ御成功疑ヒナキモノトシテ只管ニ翼賛セラレテ居ルノデアリマスカラ尊ハ御皇統ニ対シ奉リ何等御異心ノアラセラル、モノ無キノミナラズ益々誠忠ヲ励ミ玉ヘル事ニナツテ居ルノデアリマス

●悪神に就て

日本皇典ニテハ悪神ヲ区別シテ

大禍津神　大曲津神

八十禍津神　八十曲津神

八種ノ雷神　探女　醜女

八岐大蛇神等ガアリマス

亦一般ニ悪魔、邪霊、邪神、魑魅、魍魎、邪鬼、悪狐、盤古、斑狐（サタン）、キリスト、天魔破旬、死魔破旬、煩脳魔破旬、六種大外道、九十五種外道、天若鬼ナド称ヘマスガ全部悪魔ノ称デアリマス

●太古の高天原の所在に就て

大本ニテハ神示ト言霊学ニ由リテ太古ノ高天原ハ小亜細亜ノエルサレムデ在ツテ国常立尊ガ神霊界ヲ守リテ修理固成セラレテ居ラレタ所へ体主霊従ノ盤古大神及ビ其系統ノ神々ノ為メニ東北（艮）ノ地へ即チ現代ノ日本国へ押込メラレマシタノダト主唱シテ来マシタガ之レモ決シテ大本ノミノ主張デナイ訳ヲ左ニ二ツノ例ヲ挙ゲテ御参考ニ供へ奉リタイト存ジマス

（一）木村鷹太郎著「日本太古史ニ就テ同氏ハ世界的研究ニ基ケル同書ニ日本民族、ギリシヤ、ラテン系ニシテ太古ニアツテハ小亜細亜ノ天（アメ）即チ「アーメニア」即チ耶蘇教ノ云フ所ノ「エデン」ノ地ニ起リ「ギリシヤ」「エジプト」ニ国シ世界ヲ打ツテ一丸トナシテ之ヲ我版図トナシ、所ハ北欧「スカンヂナビヤ」ヨリ東ハ「ラテン」印度ニ至ル迄ノ殖民地及ビ皇化範囲ヲ有シ我皇室ハ世界ノ中心タリ吾民族ハ現在諸人種中ノ文明的最旧民族ニシテ我ガ　皇室ハ世界ノ最旧王家タルナリ、彼ノローマ詩人「ビルギラウス」ノ「イナイ」伝ノ詩ニヨル時ハ其ノ「イナイ」ハ稲大命ニ当リ「イナイ」ノ子ナリト称スル

「イウレウス」ハ我磐余彦天皇ニ当ルモノ、ヤウデ稲氷命ハ新羅ノ祖ナリト云フコトハ彼ニアッテハ「ローマ帝国ノ建設者ナル伝説ニ当リ、又大西洋所伝ノ系図ヲ溯ルトキハ「ホメーロス」ノ歌ヒシ所ノ「トロヤー」王家ニ関係スルコトガ判リ、我ガ　皇室ノ尊厳偉大ナルハ実ニ世界的ニ堂々タル証拠ト記録トアル、然ルニ日本ノ資料タル稗田阿礼ノ口述書、古事記ヤ其他日本書紀等ハ必ズシモ完全ナル記録ヲ在セルモノト云フベカラザルモノ、如シト序文ニ書イテ居リ、天照大神ハ「アテーナ」女神、須佐男命ハ「アポローン」ノ神ニ相当ルトシ、大国主命ノ国土奉還ノ所デハ高天原朝廷ノ根堅州国即チ殖民地ヲ大国主命ガ支配シテ居リシモ元々君主ニ非ザルガ故ニ此ノ地ニ君主ヲ立テントシテウシハギ居ル所ヲ奉還セシメ給ヒシナリ

（丁度徳川幕府ニ対シテ朝廷ガ其ノ政権ヲ奉還セシメ給ヒシ如シ）故ニ大国主命仮令有功ノ神ナリシト雖モ君主ニ非ザルニ依ッテ高天原朝廷ハ決シテ不正ノ要求ヲ呈出シ給ヒシニハ非ザルナリ、而シテ大国主命ハ猶太神ノ「ヨセフ」ニ当ルナド詳シク証拠ヲ挙ゲテ居マス」以下略

（二）神道十三派ノ一ナル神理教デハ其ノ教理ニ就テ同教管長佐野常彦氏ガ「世ニ尊皇愛国ノ士沢山アリマスケレドモ未ダ我ガ皇天子ヲ世界ノ大皇帝ト仰ギ奉ラントスル者アルヲ聞カナイ」ト概嘆シ「伊邪那岐、伊邪那美ノ二神ハ諸々ノ祖神ヲ生ミ給ヒテ後五色人ノ祖神ヲオ生ミニナリテ之ヲ地球上ニ頒布シ玉フタノデアリマス、其レヲ我古事記ノ記者安麻

呂ガ日本ノ事ノミト思ヒ記載シタモノデアルケレドモ、古伝ハ悉ク世界ニ関スルモノナル事ハ、自分ノ著書ヲ見レバ分ル」ト云ヒ尚古事記ハ「言霊学ノ見地カラ之レヲ解釈セネバナラヌ」ト言フテ居リマス、五色ノ神ヲ生ミマスコトハ何レノ古典ニモ出テ居リマセヌ、要スルニ佐野氏ハ帰神ノ上デ書イタノダロウト思ヒマス

●一月二十一日出口王仁三郎（六回）

一、分離第六回公判調書

第六十九次御訊問ニ

問　此ノ事実ハ如何

右ニ対シテオ答致シマシタ中ニ

此ノ時同人ハ千年カラ続イテ居ル真言宗モ滅ビル開祖空海ノ精神ハ少シモナイト云フテ嘆キ私ヲ（表）マデ送ツテ来テ書イタモノヲ出シマシタガソレガ其ノ二ツノ歌デアリマス、コノ表ハオモテデスガ被告人ヲ（大本）迄送ツテ来テクレテ二三日被告宅ニ宿泊シタ時ニ書イテ出シテ見セマシタソレヲ被告ガ手帳ニ写シ同人ノ説明ヲ聞キ其ノ意義ヲ知ツタノデス此ノ二首ノ歌ハ短冊二本ニ書キ東京ノ山田春三ト云フ人ニ与ヘラレマシタ被告始メ沢山ノ信者ニ簡単ナ書画ヲ半紙ニ書イテ各人ニ一枚宛頒与サレマシタ」（表）ハ（大本）ノ間違デスカラ訂正サシテ頂キマス

●一月二十一日　出口王仁三郎（六回）

一、分離第六回公判調書

第八十次御訊問ニ

問　此ノ事実ハ如何

答ハ色々ト申上ゲマシタガ後ニ至ツテ公判調書ヲ読マシテ頂キマシテ反国家主義ノ共産主義、社会主義、自然主義ノ事ト申上ゲマシタガ肝心ノ此ノ歌ニ就テ大事ノ点ヲ落シテ居リマシタカラ茲ニ謹ンデ補足サシテ頂キマス、我ガ国体上最モ恐ルベキ問題ハ畏レ多クモ天津日嗣天皇ニ坐シマス天立君主ニ対スル機関説ノ横行デアリマス例ヲ挙ゲマスレバ末弘厳太郎博士ノ機関説ニ関スル「法窓閑話」「法窓雑話」「法窓漫筆」美濃部達吉博士ノ「逐条憲法精義」「憲法撮要」一木喜徳郎博士ノ「国法学」等ノ書ハ我神聖ナル国体ヲ荼毒スルモノデアリマス　ソシテ美濃部博士ノ『逐条憲法精義』ノ序文ニハ「若シ我国体ヲ以テ絶大無限ノ権力ガ君主ニ存スル事ヲ主義トスルモノト解スルナラバ誤之レヨリ甚ダシキハナイ、而モ従来我ガ憲法ヲ解スル者ハ往々我国ヲ理由トシテ神授君権説ノ如キ思想ヲ以テ我憲法ノ主義トスル処トナシ、之ガ為メニ憲法ノ解釈ヲ誤ツテ居ル者ガ尠クナイ」ト書イテアル何ント不都合ナ説デハアリマセンカ

亦同書ノ中ニ

「君主ガ必然ニ国民ニ属スルトスル思想ハ現在生存スル国民ノ全体ト永久的団体トシテ

ノ国家トヲ混同スル誤アルモノデ国ノ統治権ハ必然ニ永久的団体トシテノ国家ニ属スル権利デナケレバナラヌ事ハ正当ナ思想デアル一方ニ於テハ所謂君主主権主義ヲ以テ総テノ権力ガ不可分ニ君主ノ一身ニ専属スルモノトナシ又ハ統治権ヲ君主ノ一身ニ属スル権利デアルトスルモノモ正当ナ思想デハナイ、第一ニ君主々権主義ト云ヒ国民主権主義ト云フハ唯国ノ憲法上ノ主義ノ問題デアッテ即チ国ノ政体ノ差異ニ外ナラヌノデソノ何レノ主義ヲ取ルカヲ問ハズ統治権ハ常ニ国家ニ属スル権利デアッテ国家ノミガ統治権ノ主体デアル」云々ト云ッテ　天皇ハ統治権ノ主体デナクシテ国家ガ統治権ノ主体デアルト申シテ居ルノデアリマス

斯クノ如キ不都合ナ学説ガ国ノ内外ニ流布サレ宣伝サレルコトヲ大和詞デハ「言さやぐ」ト云フノデアリマス

言さやぐ君が御代こそ忌々しけれ

海川山の神もなげきて

ト云フ歌ノ意義ハ神聖ナル天立君主ニ坐シマス我　天津日嗣天皇ノ大御代ニ斯クノ如キ憲法曲解君権無視ノ学説ガ我国ノ上下ニ拡充サレルト云フ事ハ国家ノ大不祥デ忌々シキ出来事デ八百万ノ神々モ此ノ現状ヲ見テ御嘆キニナルト思君、思国、思民、思道ノ熱情ノ溢レタ歌デ一点ノ曇リモナイ歌デアリマス　此ノ外ニ不敬ト認メラレテ居マス数首ノ歌モ一ツモ不敬ノモノハナク歌人ガ見タラ吹出ス程度ノモノ斗リデアルト信ジテ居マス

●一月二十三日　出口王仁三郎（七回）

一、分離第七回公判調書

第二十次御訊問ニ対シ奉答シマシタ中ニ少シ字ガ抜ケテ居マスカラ訂正サシテ頂キマス天理教布教師ニ「高山の真の柱は唐人や之が第一神の立腹」ト言フノハ誤リデアッテ「中山の新の柱は燈心や之が第一神の利福」ト云フ事デ中山教祖ノ相続者ニシテ信仰ノ中心人物ハ中山新次郎氏デ教祖ノ身内ニコンナ立派ナ人物ノアツタノハ第一ニ神様カラ恵マレタ御利益即チ利福ダトノ神示デアッテ神ガ立腹サレタノデハナイト聞キマシタカラ此ノ歌ハ不敬デハナイト思フト申上ゲマシタラ、予審判事殿ガ大キナ御声デソンナ馬鹿ナ事ガアルカ之ヲ何ント思フト仰セニナリマシテ、十二段返シノ文句ヲ書イタ紙ヲ見セラレマシタガ被告人ハコンナ不都合ナモノハ書イタ覚エガ無ク今見セテ頂イタノガ初デアリ決シテ被告人ノ所為デアリマセヌト申上ゲマシタラ黙ツテ居ラレマシタカラ御判リニ成レタ事ト思ツテ居マシタ夢ニモ知ラナイ事ヲ予審調書ニ御誌ニナリマシタ被告人ハ二度ビックリ致シマシタソレデ此ノ予審調書ハ予審判事殿ノ御創作デアルト思ヒマス

●裁判長殿ハ被告ニ対シマシテ京都府警察官ノ調べ方ト予審判事ノ調べ方迄最モ厳重ニ細密ニ御訊問下サレマシタ被告人ノ身ニ取リマシテ忝ク余リノ嬉シサニ感激ニフルヘマシタ為ニ心充チテ言足ラズ上申サシテ頂キ度キ事ヲ遺シマシタカラソノ分ヲ少シ許リ上申サシ

テ頂キマス誠ニ御面倒ナル事許リ申上ゲテ申訳アリマセヌ

一、被告人ハ五条警察署ニ於キマシテ生後六十五歳ニナル迄親ニモ「タ、カレタ」事ノナイ大切ナ頭ヲ強ク打タレ「向フスネ」ヲ靴デ蹴ラレ一時ハ失神状態ニナリ、ソレヨリ気ガ弱リマシテ警官サンノ御無理御難題ノ御訊問ニ対シマシテ一々抗弁申上ゲル勇気ヲ失ヒマシテ唯々暴行サレル警官サンヲ恐怖スル様ニナリマシタ　ソシテ聞クモ答フルモ畏レ多ク臣民ノ口ニスルサヘ畏多キ皇位簒奪ダノト色々アラヌ難題ヲ吹キカケラレ余リノ事ニ呆然トシテ云フ処ヲ知ラズ一体此ノ警官ハ精神異常者デハアルマイカ何ヲ根拠ニコンナ無理ナ畏レ多キ事ヲ仰セラレルノカト考ヘサセラレマシタ　被告人ハソコデ日本臣民タル私ニハ左様ナ怪シカラヌ思想ハ持ツテ居マセヌト申シ上ゲマシタラ、高橋警部サン外三人デ又モヤ暴行サレ殺サレルノデハナイカト思ヒマシテ一時ノ危難ヲ避ケル為警部サンノ仰セニ服シマシタ　ソシテ被告人ノ本心デハコンナ無理無根ノ問題ハ上司ノ官吏様ガオ調ベニナリ大本文献ヲ見ラレマシタラ直チニ其ノ真否ガ御判リニナルト思ヒマシテタトヒ被告ノ供述トシテ警部サンガ調書ヲ作成サレ私ガ怖サニ署名シ拇印シマシテモ真実ニソレガ事実デナイ限リハ夜ガ明ケルモノト思ヒマシタ　ソシテ高橋警部サンハ自分ノオ書キニナツタ下書ヲ私ガ中シタ様ニ書ケト迫ラレ従ハネバ又頭ヲ打タレルノデ止ムナク泣キ以ツテ被告人ノ供述トシテ書キマシタ

一、思君思国思民思道ノ忠誠心ニ充チタル大本ノ全部ノ文献ニ対シマシテ高橋警部サンハ

「表看板」「保護色」「暗示」以上ノ三ツノ標語ヲ以テ塗り潰シ一言モ被告ノ申上ゲル事ハ御採用下サラナイノデアリマス

一、京都府発行ノ警察雑誌トカニ「二月三日高橋氏ノ熱誠王仁ヲ下ス」トノ記事ガ出テ居マスヤウデスガ其ノ二月三日ハ尋問中暴行サレモウ殺サレルカト思ヒマシタノデ今後ハ何事モ警部サンノ仰セノ通リニ従ヒマスト申上ゲテ暴行ノ鋭鋒ヲ避ケタ当日デアリマス

一、高橋警部サンハ何事モ俺ノ云フ様ニセヌトオ前ノ妻子全部ヲ警察へ引致シ一生涯出シテヤラヌ又妻子ハ可愛クナイカイト中サレ亦凡テノ尋問ヲ承認スルナラバ容疑者全部ヲ三月ニナツタラ帰宅サセテヤルオ前ノ返答次第デ大勢ガ助カルカ助カランカガ分ルノガト申サレタデヨモヤ立派ナ警部サンノオ言葉嘘ハアルマイト信ジマシテ心ニモ無イ事ヲ写シ書カサレソレニ署名捺印シマシタ

一、高橋警部サンノ御誓言ニ従ヒマシテ三月ニハ帰宅サシテ頂キタイ一念デ小野検事殿ノ御訊問ニ高橋サンノ作ラレタ無理無実ノ調書ニ対シテモ一言ノ抗弁モ致シテ居リマセヌ、ソレカラ三月十三日ニ検事サンノ調ベガ済ミマシテ予審判事殿ノ御調べ室ニツレテ行カレマシテ直グニ京都刑務所ノ支所ニ拘留サレマシタ、ソウナツテモマダ、明日モ出シテ下サルカト待ツテ居マシタ所三月二十日頃ニ大本各地ノ土地ヲ売レト云ツテ被告人ニ署名セヨト刑務支所ニ高橋サンガ来ラレマシタノデイツ帰宅サシテ下サイマスカ、オ約束ガ違ヒマスト詰リマシタラ此頃ハ選挙違反デ警察モ多忙ナノデオクレタガ四月迄ニハ帰宅出来ルヤ

ウニシテ上ゲルカラ此ノ書面ニ署名セヨト申サレ遂ニ各地ノ別院迄心ナラズモ売ラサレテ了ヒマシタ、ソレカラ四月中旬迄待ツテ居リマシタガ何ンノ音沙汰モアリマセンノデ同支所ノ御役ニ高橋警部サントノ約束ヲ話シマシタラ大イニ笑ハレオ前ハ警官ノペテンニ引ツカ、ツタノダ此処へ入レラレタ以上ハ予審モアルカラ二ヶ月ヤ三ヶ月位デハ帰宅ハ出来ナイダラウトノ御言葉ニ初メテ目ガ醒メ頭ヲ強打サレテカラ精神ガドウカナツテ居タノヂヤナイカト思ヒマシタ

一、高橋警部サンハ古事記ヤ帰神ノ話ヲスルト直グニ顔色ヲ変へ大声ヲ出シテ強ク非認サレ暴行ニモ及バントスル勢ヲ示サレルノデ被告人ハ帰神ナルモノ無シ筆先モ人間ノ作物ダト高橋サンノ仰セニ一時従ツテ見セテ危難ヲ避ケテ居リマシタ

●少シ重複ニナリマスケレドモ事実ヲ申上ゲル順序トシテ御許シヲ願ヒマス、昭和十一年八月山科ノ刑務所へ西川予審判事殿ガ太田多喜三サント言フ書記ト共ニ御訊問下サイマシタ　真実ヲ聞イテ頂クノハ将ニ此ノ時ナリト天ニモ上ル心地シ大イニ喜ビ勇ミ謹ンデ申上ゲマス

大本ニハ不敬不逞ノ行為モ文献モ絶対ニアリマセヌ、何卒宜シク詳細ニ御調べヲ願ヒマスト申上ゲマシタラ、西川予審判事殿ハ忽チ御不興ノ御面色ヲ現ハサレ、大本ニ良イ事ハ少シモ無イ篤ト考へテ置ケ其ノ上デ調べテヤルト仰セラレ、ソレ退リデ翌十二年八月迄待

タセラレマシタ、ソノ月ニ四五回大病ヲ忍ンデ出廷シテ居リマシタガ遂ニ監房内デ卒倒シマシタノデ静養ヲ致シ漸ク仝年十月ニナリマシテ出廷致シマシタ、ソノ際西川予審判事殿ハ古事記ト日本書紀ハ記事ガ異ツタ点ガ沢山アルカラ自分ハ信用センノダト平気デ国家ノ宝典タル両書ヲ否認サレタノデ被告ハ憤慨シ右二書ハ邦家乃経緯、王化乃鴻基ナル所以ヲ病苦ヲ忍ンデ君国ノ為由々シキ大事ト思ツテ其ノ書ノ内容ヲ申上ゲント致シマスト一口モ御聞キ下サレズ、雷声ヲ挙ゲテ怒鳴リ付ケラレ病体ノ被告人ハ腹ガデングリ返リマシタ其ノ後ハ右二書ノコトハ何モ申上ゲヌ様ニナリマシタ、ソシテ被告ガ帰神ノ事ヲ申上ゲ様ト致シマスト、大変ニオ怒リニナリ大声デ怒鳴ラレマシテ強ク否定サレマスノデ帰神ヲ抜キニシマシテハ大本ノ真実ヲ上申スルコトガ出来ナイノデ大イニ困リ遂ニハ黙スルニ至リマシタ、ソシテ書記ノ太田多喜三サント申シマシタノハ誤リデ太田喜代造氏ダツタト思ヒ出シマシタカラ茲ニ訂正サセテ頂キマス

一、予審判事殿ハ大本ニハ一ツモ良イト思フ様ナ事実ハ発見出来ナイ徹頭徹尾悪イ事バカリダ良ク見エルノハ「表看板」ダ「保護色」ダ「暗示」ノ陳列ダト仰セラレマシタ被告ノ申上ゲル答弁ハ一言モ調書ニハ記入シテ下サラズ、出口伊佐男　高木鉄男　東尾吉三郎以上三名ノ予審終結書ヲ基トサレテ毎日午前九時頃カラ一枚ノ厚イ紙ニ万年筆ヲ以テ自問自答ノ創作ヲナサレ被告人ニ対シテハ一言ノ御訊問モナク彼ノ様ナ大部ノ調書ヲ十ケ月ノ日子ヲ要シテオ作リニナリマシタ、其ノ長イ間ヲ予審判事殿ノ御温情ニヨリマシテ三個ノ椅

子ヲ与ヘラレ之レヲ横ニ列ベマシテ一日中横臥シ、夕刻ニナッテ心ニモ思ハヌ恐ロシキコトノ書カレタル調書ヲ読ミ聞カサレ泣イテ署名拇印ヲ押シ看守サンニ病体ヲ抱ヘラレ乍ラ監房へ帰リマシテヤット息ヲツギ重湯ヲ頂イテ寝マシタ

一、昭和十二年十月ニナッテ被告ノ身体ガ少シ良クナッタトシテ予審廷へ呼出サレマシタ、親切ナル看守サンニ背負ツテ貰ツタリ、手ヲ引イテ貰ツタリ、腰ヲ抱ヘテ頂イタリ致シマシテ予審廷へ参リマスト、ドウ云フ御考ヘデアルカ、西川予審判事殿ハ先ヅ私被告ニ対シマシテ人皇十代崇神天皇ノ巻ヲオ見セニナリ大物主神ヲ祟リ神ト申サレ此ノ神ノ神憑リハ「インチキ」ダト実ニ言語ニ絶スル不敬ノ言ヲ放タレマシタ、被告人ハ斯道ノ為憤慨ノ極泣イテ帰神事実ヲ申上ゲント二タ口三口申上ゲント致シマスト、例ノ雷声デ怒鳴り付ケ強ク之レヲ否認サレテ了ヒマシタ

一、十月五日ニハ予審判事殿ハ被告人ニ向ツテ得々トシテ憚リモナク、彼ノ和気清麿ガ宇佐ノ神勅ト称スルモノハ全然インチキダ、神ハ人ニ移ツタリ人ノ口ヲ藉リテ物ハ言ハヌ、科学文明ノ進ンデ居ル今日ノ世ニソンナ事ヲ信ズル奴ハ馬鹿者ダト仰セラレ神明ヲ無視シ且ツ我神聖ナル歴史ヲ冒瀆スル態度ヲオ示シニナリマシタ、吁《ああ》モ早我何ヲカ言ハンヤデアリマス

一、同年十月十五日ニモ又予審判事殿ハ被告人ノ私ニ向ヒ神功皇后ノ帰神ヲ無実ノ記事ダト仰セラレ我国ノ貴重ナル歴史ヲ無視サレマシタ上ニ思君思国ノ忠誠ニ燃エル被告人ハ

陛下ノ赤子トシテ許スベカラサル言語ヲ放タレマシタソレハ大本デハ神功皇后ヲ祭ツテ居ルノハ仲哀天皇ヲ　シタノデ（茲ニ至リマシテ被告人ハ恐懼ノ余リ筆ニスル事ガ出来マセヌ）吁日本皇国ハ裁判官ノ内ニモコンナ考ヘヲ抱イテ居ル方ガアルカト思ヘバ国家ノ前途ガ案ゼラレ、深夜涕泣身ノ措キ処ヲ知ラナカツタノデアリマス

一、予審判事殿ハ大本ノ文献全部ヲ不良トシテ只ノ一言モ調書ニノセテ下サラヌ故セメテ一言デモ書止メテ頂キタイト思ヒマシテ「大本教ハ丁度金米糖ダ」ト小言デ申シマシタラ予審判事殿ハ顔色ヲ暉ヤカシテ、フン大本教ハ金米糖カト云ツテ珍ラシク調書ニノセテ下サイマシタ、併シ其ノ解釈ハ被告ノ申上ゲタ言ト全然相違致シテ居リマシタ、併シ「大本教ハ金米糖ダ」ト申上ゲタノハ文字ガ書キ入レラレタ事ヲ以テ一縷《いちる》ノ望トシテ慰メテ居マシタ

一、予審判事殿ハ被告ニ向ツテ盤古人神ハ即チ二二岐命《ににぎのみこと》ダロウ被告ハソノ様ニ陳《の》ベテ居ルカラト申サレタノデ、被告人ノ者ガソンナ事ヲオ答スル筈ガアリマセン大本ノ沢山アル文献ノ何処ヲ探シテモ無イカラ間違ヒダロウト申シテモ御採用ニナラズ到々調書ニナリマシタ、コンナ無理ハナイト悲シミマシタケレドモソンナ奇怪ナ説ノナイ事ハ御調ベヲ頂ケバ一目瞭然御判リ下サルト存ジマスル

一、上申ガ元ヘ戻リマシタ、御面倒ヲ恐入リマスガ昭和十二年八月初旬病ヲ冒シテ予審廷ヘ出頭シマシタラ、辟頭第一ニ西川予審判事殿ハ被告人ニ向ツテ左記ノ言ヲ仰ツシヤイマ

シタ。此ノ項漸ヤク三十人許リ予審ガ終結シタノダガ若シオ前ガ此被告人ノ供述ハ私ノ意見ト違フナド、云ツテナラヌ　老被告者内ニハ最早死亡シタモノガ二三名アルノダ、気ノ毒トハ思ハナイカ、オ前ガ異議ヲ唱ヘルナラバ全部ノ被告ノ再予審ヲセナクテハナラナイ、ソウナルト今後更ニ三年ノ日子ヲ要スル被告ハ此ノ冬ヲ迎ヘテ心配シテ居ルノダオ前ハ宗教家トシテ是等ノ老被告ガ哀レト思フナラ、一切ヲ肯定セヨトオツシヤツタ、ソコデ被告人ハ犯罪ノ証拠ノ確タルモノ、ナイタメニ予審判事ガ苦シンデ居ラレルソウデ無ケレバ赤裸々ニ被告等ノ供述ヲ肯定セヨト言ハレル訳ハナイノダ、併シ乍ラ元々無実ノ大本事件コンナ忌ハシイ罪名ヲ負ハサレテ如何ニ全被告ガ気ノ毒ダト云ツテ紋モ型モナイ啌ヲ供述ハ出来ナイ仮令一生涯予審ニオカレルトモ一死ヲ賭シテモ大本ノ真実ヲ認メテ頂ク迄ハビクトモ動カヌト言フ固キ決心ヲ致シテ居リマシタソウシタ処ソノ翌日出廷ノ折廊下ヲ手錠ヲカケラレ悄然トシテ曳カレテ行ク一人ノ被告人ガ王仁三郎ノ目ニ不図留リマシタ、之ヲ一見シタ被告王仁三郎ハ暗然トシテ落涙シ折角ハリツメタ決心モ忽チ砕ケテ了ヒマシテ先ハ先ノコト、公判ニ於テ事実ノ真相ヲ申上ゲル事ト覚悟致シマシテ、心ナラズモ予審ノ調書ニ署名拇印シテ多数ノ被告人等ヲ一日モ早ク保釈シテ頂キタサニ涙ヲ呑ンデ敢行致シマシタ

一、西川予審判事殿ハ道理整然タル被告人王仁三郎ノ弁明ヲ甚ダシクオ嫌ヒニナリマシテ一言モ云ハサヌ様ニ努メラレ、オ一人デ一枚紙ニ下書ヲサレ、夕方書記サンニ読ンデ調書

ニ執筆サセテ居ラレマシタ、被告ハ毎朝（日曜、大祭日ヲ除キ）出廷致シマシテ低頭シテ「今日ハ」ト御挨拶致シマスト「オーイ」ト一言仰ツシヤツタ限リデ一日中黙々トシテ、予審判事殿心中ノ疑人出口王仁三郎ト静カニ問答ヲサレタ上ニ下書キヲ作成ナサレ、夕方ニ調書ニ御記入ニ書記サンノ手ヲ経テ為サレタモノデアリマス故ニ被告ノ公判ニ於キマシテノ奉答ト予審調書ノ記載トハ黒白ノ差異アル所以デアリマス要スルニ予審調書ハ西川予審判事ノ自問自答ノ創作全書デ被告歴史ダト思ヒマス併シ時々一行位ハコウヂヤナイカト仰シヤツタ事モアリマシタガ、被告ハ無理バカリヲ申サレル方ニハ弁明モ駄目ト思ヒ、ハイハイト云ヒマシタ事モアリマスガ決シテ被告人ノ心カラ申上ゲテハ居リマセヌデシタ

●分離第一回公判調書ヲ見マスルト処々ニ

裁判長殿ノ御訊問中被告ハ予審ニ於テ此ノ様ニ述べテ居ルガ如何トノ仰セニ対シマシテ左様デアリマスト奉答致シテ居リマスガ、ソレハ被告ノ思ヒ違ヒデアリマシテ、一言モ予審デハ申シテ居リマセヌ、予審判事殿御自身ニテ警察以来ノ聴取書（大本文献等）ト出版シタ日記等カラ抜キ取リ書キ入レニナリマシタモノデ大本文献トシテ出版シマス迄ニ被告ノ手ニ成ツタモノデス故ニウツカリト「述べタ」ト申上ゲマシタノデ全ク被告ノ思ヒ違ヒノ奉答デアリマスカラ謹ンデ訂正サシテ頂キマス、ソシテ其ノ箇所ハ分離第一回公判調書ノ中ニ於キマシテ第二次ノ御訊問ヲ初メト致シマシテ、第六十二次、第六十三次、第六十

四次、第六十五次、第二百八十九次、第二百九十七次、第三百二次、等外ニモアルカモ知レマセヌガ全部文献カラオ採リニナツタノデアリマシテ、被告ハ予審デハ何モ発言致シテ居リマセヌ。

●一月二十一日ニ於ケル

分離第六回公判調書ノ中ニ於キマシテ第二次ノ裁判長殿ノ御訊問ニ奉答致シマシタガ之モ被告ハ予審廷デ発言致シマセヌ、又第五十九次裁判長殿ヨリ「被告人ガ昭和三年三月三日以来大本ノ目的遂行ノ為ニ活動シタル詳細ニ付イテハ（予審デ述べ）原審デ訂正補充シ外廓団体ハ国体ヲ変革スル目的デ組織サレタモノデナク、皇室中心主義ナルコトヲ強調シテ居ルガ此ノ通リカトノ御訊問ニ

答、「其ノ通リ相違アリマセヌ」ト奉答致シマシタ其ノ中デ「予審廷デ述べ」ノ処ガ間違ツテ居リマス、被告トシテハ一言モ申上ゲタ覚エハ在リマセヌカラ此ノ点ノ五文字ヲ訂正サセテ頂キマス

●猶此ノ外ニ予審廷ニ於キマシテハ被告ニハドウシテモ合点ノ行キカネマスル怪奇ナ事実ヲ目撃致シマシタガ、ソレハ違ツテ申上ゲルコトヲヒカヘテ置キマス、被告人トシテ予審判事殿ノ御行動ヲ申上ゲ恐懼ニ堪ヘマセヌケレドモ今日ノ場合止ムニ止マレズ上申致シマ

ス　何卒何卒被告ノ此ノ挙ヲ御許下サリマス様ニ懇願シマス　猶上申シ度キ事山々アリマスガ俄ニ持病ガ再発致シマシテ頭痛甚ダシク眩暈ニナヤミマスノデ之デ留筆サシテ頂キマス」

伏而仰ギ願クハ広大ナル御心ヲ以テ御聖断ヲ垂レサセ給ハンコトヲ奉願致ス次第デアリマス

昭和十六年十月二十五日　　　　　　　頓首合掌

被告人　　出口王仁三郎

裁判長判事　　高野綱雄殿

○上申書（二）

被告人　　出口王仁三郎

一、大本文献ノ中ニ

天津日嗣天皇
神皇陛下
皇上陛下

等ノ明文ガ載セラレテアリマスノハ何レモ日本国古来ヨリ最尊最貴トセラレタル皇典、

歴史ニ録サレタル文献ヲ拝シマスレバ万世一系ニ君臨シ給フ天皇ノ尊称ニ御坐シマス事ハ毫モ争ヒノ余地ナキ真事実デアリマス　然モ京都府警察部高橋誠二氏ハ被告ノ事ナリト強張シ亦小野検事殿、西川予審判事殿ノ調書ニモ有罪ノ唯一ノ資料トシテ録サレマシタ

右ノ如キ明白ナル事実ニモ係ラズ御咎メニナリマスノハ被告ニハ承服スルコトガ出来マセヌ　皇典歴史ヲ一読スレバ実ニ明瞭ナ次第デアリマス、大本ニテハ朝夕御皇室ノ御隆ヲ神前ニ祈リ奉リ忠良ノ赤子トシテ俯仰天地ニ愧《は》ジサル聖ナル信仰団体タルコトヲ信ジマス、仰ギ願ハクバ御聖断ヲ垂レサセ給ハン事ヲ　　頓首合掌

昭和十六年十月二十六日

被告人　出口王仁三郎

裁判長判事

高野綱雄殿

昭和十七年　壬午（みづのえうま）　西暦一九四二年

○未決よりの聖師の信書

朝々の不時の寒さに思ふかな来らむ秋のみのりいかにと
独居の夜半のあはれは五位さぎの啼《な》く音にまさるものなかりけり

（以上、昭和十七年五月二十二日　大国伊都雄氏へ）

お願ひ申します。

高殿のおばしまに愛でし月光を今宵淋しく窓ゆみるかな
眼にあつきものを覚へぬ吾友の心をこめし絵書便りに
撫子《なでしこ》の花のやさしさめづるがにそつとなで行く朝風夕風
志と志ととねむたき昼の雨ふりぬ青葉に露の涙うかべて
真夜中にふと目さむれば浪花江の三空を高み五位鷺の啼く
此の腹は高天原の腹にして生命の神のつどいます腹
此の胸は千木かつを木の棟にして病ひはらひ戸神《かみ》社の御棟　かんながらたまちはへませ。

久方の高天原の神風に暴風中風逃げちりてゆく　（以上月日不祥）
アメリカの屁行機くさい音斗り縮尻落墜糞砕するなり　（五月十一日）
神垣や潮見の小川の真清水をともに結ばむよき日待たれつ　（六月十二日）
高殿のおばしまに愛でし月かげをひとり淋しく窓ゆ見るかな　（六月十二日）
独居の慰楽は友の贈りくる絵葉書便りにまさるものなし（以上、六月十二日　畑谷春子氏へ）
小雨ふるさみしきよはをおときゝてなけきゐるらんわがこわがまこ　王仁
梅の花一度に開く思ひせむ三五の月光倶に見ん時　（六月十二日　畑谷春子氏へ）
紅々と葵の花の咲く夕白き黄色き蝶の来て舞ふ　（五色歌）（六月十二日）
ま夜半にふと眼さむれば浪花江の御空を高み五位鷺の声
原に坐す命の神にたてまつる此の食物に力と味あれ　（以上、六月十二日　北村隆光氏頂く）

○控訴審の判決

控訴審の判決は、大法廷で公開でおこなわれました。高野綱雄裁判長の二時間半に亘《わた》る判決文の朗読でありました。昭和十七年七月三十一日ですのに熱いのも何もわかりませんでした。

無罪の判決に聖師はソッと涙をふいておられました。富沢効弁護士は、ウロウロと二時間半も立ち通しでした。大感激でじっとしておれなかったのです。　（昭和十七年七月三十一日）

○今年は王仁は出る

（昭和十七年、大阪控訴審公判廷にて人声にて）

今年は王仁は出るのや。

（昭和十七年）

○八ツの月七ツの太陽

王仁は夢を見たんや。空に月が八ツと太陽が七ツ出た夢を。

（昭和十七年右同処にて。ところが八月七日に保釈出所されたので右の謎が判明した）

○聖師の保釈出所

昭和十七年八月七日、朝の夢に美味しいボタ餅を食べてるところで目が覚めた。早速大阪市北区釣鐘町一丁目の三木善建弁護士宅へゆく。奥様が「聖師様が今日保釈になられるかも知れませんから」とのことで、大阪若松刑務支所へ行く。午後一時過ぎ出所さる。満六年八カ月ぶりに、天日の下で仰ぐ出口王仁三郎聖師。（二代教主、出口伊佐男氏も同時に）あまりの感激に涙も出でず。大阪北区真砂町の旅館讃岐屋で休息、弁護人へ謝意を述べられた。木庭次守へは「お世話になったなア」と一言。木庭がさがしてきたタクシーで大阪駅まで、国鉄で亀岡へ帰らる。お荷物を持って亀岡の大本中矢田農園までお伴する。出口新衛氏は「木庭さん、貴男は一番嬉しいでしょうネ」と語られる。

○昭和十七年八月七日（旧六月二十六日）

待ちかねし五六七の神代松の世も吾出でし日を元とし来らむ　　王仁（歌集『朝嵐』）
やちまたのせきしよをこえてやうやくにけふかめやまの月をみしかな　王仁

○今度の戦争は負ける

（昭和十七年八月七日、保釈出所されて亀岡の中矢田の大本農園に帰られた聖師には、御面会に来た大本信徒らに対して七千五百余人に教えられた。大本信者の憲兵隊員が心配して聖師を訪問した程であった）

今度の戦争は負ける。なぐりこみだから。

○王仁は未年生れ七十二歳

今年は午《うま》の年で王仁は未《ひつじ》年生れ七十二歳になりました。妻（大本二代教主出口すみ子）は午《うま》年生れで六十一歳になりました。

（王仁三郎聖師、明治四年旧七月十二日新八月二十七日生。すみ子様、旧明治十五年十二月二十六日新明治十六年二月三日節分生）

○世界を一ぺんに救う計画

今までは教を説いて判らしていたけれども、それでは暇がいるから、今度は世界を一ぺんに救ってしまう計画をしている。

（昭和十七年八月十二日）

○大本の教が一ぺんに判る本

弁論してもらったのは今までの教で、今度は二年間どこにも行かず、宇知麿と三千麿に手伝わして、読めば一ぺんに判るものを書いておき、聞いてきたらそれを献上したらそれでしまいや。

（昭和十七年八月）

○大東亜戦争

こんな事言うたら叱られるかも知れぬが、大東亜戦争は上げも下しもならぬようになる。それは二年先や。

（昭和十七年八月）

○大本事件で王仁は救われた

この度の事件で自分（王仁）は救われた。事件の前に、北一輝が十二人で王仁（わたし）のところへやって来て、二・二六事件をおこすから「金を出してくれ」というので「ない」というと「昭和青年（会員）を応援に出してくれ」という。そんなことは出来ないと思っていると、

「出口さん、秘密を打ちあけたのだから何とかしてくれ、それでないと貴下を殺してしまう」といって帰っていったが、十二月八日（昭和十年）に亀岡に殺すつもりでやって来たのであるが、その時王仁は警察に保護されていたのである。（聖師は大正八年五月、東京の中野武英（岩太）邸ではじめて北一輝の訪問をうけられた。お供した中村純也氏はその時に千円をお土産に渡されたと語った）

（昭和十七年八月）

○由良さん

由良（第二次大本事件検挙の亀岡警察署特高係部長）は親父からよく知っている。大本の事は何も判っているのや。

（昭和十七年八月）

○大本両聖地の破壊

大本の用が済んで家を壊さなならんと思っていたら、王仁が壊すと信者が不足を言うが政府が壊したので、どこへも不足を言うところがない。そして土地まで取り上げてくれたので、税金を払わんでよいのや。うまいことなっているのや。

（昭和十七年八月）

（両聖地の破壊は潮内務大臣の命により結局は清水組にまかせられた。その費用は三万数千円を要したが、王仁三郎聖師の金庫の中の五万円から委任された中村純也氏が支払った）

○木庭次守

木庭次守。よく手紙をくれたし、面会にも来てくれた。

（昭和十七年八月）

○お土を汚すな

お土は生物だから、決して汚してはならぬ。汚したらどんなに肥料をやっても何にもならぬ。人糞、馬糞などをやったら必ずお土をかけておかねばならぬ。そうすると、お土が立派な肥料にして育てるのである。油粕は汚れていないからお土をかけなくてもよい。血が一番汚れるから、土持して作物をつくらねばならぬ。

（昭和十七年八月）

○稲の肥料のやりかた

稲の出穂の前の肥しはやらぬがよい。元肥をしっかりやらねばならぬ。

（昭和十七年八月）

○保釈出所後の歌（一）

五月闇はれて天地の光かな
国生みの神の御わざに似たらずやみいづ輝く万浬の海原
有難や吾うつそみのまの阿多利八紘一宇の神わさ見んとは

（昭和十七年八月二十日）

○蒋介石

五年かかって蒋介石さえまだ片づけられんじゃないか。

（昭和十七年九月一日　三島梅子氏拝聴）

○富士と鳴戸の仕組

（広瀬義邦氏が昭和十七年台湾方面に出征するに当り御面会に参上しましたら、左の如く教えられました）

まもってやるで。富士が爆発するとか、鳴戸の仕組というのはそのまま来るのやないのやで。そのままとったら違うで。

○王仁のいる所に空襲はない

聖師様は、昭和十七年四月十八日に米国の飛行機がはじめて大阪の空を越えて神戸の方面へ行った折には大阪の若松刑務所入監中でありましたが、「王仁がここにいる間は空襲はない。王仁がいなくなったら後は知らない」と申されました。昭和十七年八月七日保釈出所されるまでは大阪は空襲を受けませんでしたが、お言葉通りその後は火の海と変りました。

（参照）『大阪大空襲』（東邦出版）

○小みかん

昭和十七年の冬、熊本の塩山栄七氏が名物の小みかんを枝のままお土産に持って来ましたら、聖師はお喜びで大本農園（有悲閣）の二階の床の間の鉢にさして楽しまれまして教えられました。「これを食べると風邪を引かぬ。風邪薬である」とたいそうお喜びになりましたので、塩山氏は毎冬お持ち致しました。

○十七年八月七日は負け始め

北海道の松家茂忠《しげただ》さんが聖師様から色紙を頂いて裏を見ると「十七年八月七日」と書いてあるので、「これは私の生れた日です」と申しますと「違うわい」と言われますので、「私の誕生日です」とまた繰り返し申し上げげたら「違うわい。これは負け始めだ」と教えられた。松家さんは明治十七年八月七日生れであるが、聖師は昭和十七年八月七日、即ち聖師様の満六年八カ月目の保釈出所の日から、太平洋戦争で、日本が負け始めた事を教えられたのと混線した事が判った。

（参照）昭和十七年八月七日、米軍ツラギ島ガダルカナル島上陸。八日、第一次ソロモン海戦

○後小松天皇

後小松天皇は小松林の霊で住吉（神社）の眷族になっていられたのである。後小松天皇のこ

とをよく調べること。　　　　　　　　　　　　　　　　　　　　（昭和十七年）

第百代後小松天皇、幹仁《もとひと》。天皇在位、永徳二年（一三八二）より応永一九年（一四一二）。明徳三年（一三九二）閏十月五日、後亀山天皇京都に帰り、三種の神器を後小松天皇に渡す。南北朝時代完る。

（参照）『大本神諭』大正五年旧九月九日。『霊界物語』第一巻第九章。第十五章。同第五巻第二十四章。同五十二巻第二十七章「胎蔵」

○和平

尚簡易　布和平（黄裳）

○にしき

日本一のにしきを織ると言あけし昔の夢はあらはれにけり　王仁

○仁風

仁風飛　以掛恵

○神がかり禁止

神界の大本営では神がかりは禁じてある。本当の神様は必要欠くべからざる時でないとかかられるものではない。

（昭和十七年十二月二十一日）

○国常立尊の帰神

教祖様は因縁があって特別の御用があったので、艮の金神国常立尊《くにとこたちのみこと》がおかかりになったのだ。教祖御昇天後は王仁に必要があっておかかりになったのや。

（昭和十七年十二月二十一日）

○御用が済んだ

木村（瑞枝）さんの御用が済んだので、奥さんにつけてあった観音様の霊を引き揚げたら奥さんが死んでしまった。

（昭和十七年以後）

○月照山の萩

聖師が蒙古から帰られた日（大阪若松刑務所保釈出所、大正十三年十月一日）に「滋賀県の水茎の岡山に行って萩《みそはぎ》を採ってくるように、天津菅曾《あまつすがそ》はここの萩で造ったのである」との命によって加藤明子氏と大国以都雄氏が行ったら、山が荒らされていて小さい萩しかなかったのを採って帰って、聖師の命で月照山に植えておいた。第二次大本事件がおわって再び天恩郷の裏の南郷に帰って来て大国氏が御挨拶に行くと、「あの萩はあるか」とのことで、探してみたら小さいのがあったのでその由申し上げたら「ここでは育たないから高山に持っていって育てるようにしてくれ」とのことで「高山はどこがよいでしょうか」とお尋ねしたら「大山がよい。大山は日本大地の要であるから、その萩が栄える時は要の神（金勝要神《きんかつかねのかみ》）の時代である」との事で、大国氏は大山に持って行ってその萩を移し植えて、農場を開いて萩を取られぬように守っていた。月照山が完成（昭和二十一年八月二十五日）して後に持ち帰ってまた月照山に植えたのである。その萩が繁茂した時は二代教主（金勝要神）の時代であった。

（参照）『霊界物語』第三十九巻附録「大祓祝詞解［六］」

△天津菅曾、周易《しうえき》の筮竹《ぜいちく》に相当するがその数は七十五本である。これは七十五声を代表するのである。長さは一尺乃至一尺二寸、菅曾は俗称「ミソハギ」と称する灌木《くわんぼく》、茎細長にして三四尺に達す。之を本《もと》と末《すゑ》とを切り揃へて使用するなり。

○大活動

髪がここ（肩）まで伸ぶるまでゆっくり休むのや。肩まで伸びたら大活動するのや。

（昭和十七年　小幡神社社務所にて）

○あと一厘

（大本の神示は）もう九分九厘出た。あと一厘出てくるだけだ。

（昭和十七年　波田野義之氏拝聴）

○嫌なこと

嫌なことをすると病気するワイ。

（昭和十七年）

○御用の心構え

一を聞いて十を悟れ。チンと言ったらカンと悟るくらいでないと本当の御用は出来ない。得意時代があったら必ず失意時代が来る。あんまり賞められてよい気になっていると落とされる場合が多い。

（昭和十七年）

○発表されたお筆先

発表してるお筆先は粕ばっかりや。

（昭和十七年　土井靖都氏拝聴）

○大本第二次事件の発頭人

大本の事件をおこしたのは、斎藤実と池田成彬と一木喜徳郎である。

（昭和十七年　土井靖都氏拝聴）

○世界の行方

今に〇〇〇が世界を統一するのじゃ。

（昭和十七年　土井靖都氏拝聴）

○世界の政権

あのな。一遍〇〇が政権を取るんやで。〇〇はそれからやで。

（昭和十七年　土井靖都氏拝聴）

○呉服屋は亀岡に一軒

亀岡には呉服屋は一軒しかいらない。

（昭和十七年秋当時　亀岡町の人口五万人）

○木の薬

酒は木の薬。麦酒は肥料くらい。酒は赤くなりかかった木にやるとよい。

（昭和十七年八月三十日）

○蚊の雄雌

男の蚊はブーンと宣言して喰いつくが、雌の蚊は陰性だから黙って腰から下を喰う。

（昭和十七年八月三十日）

○世界同腹

日本が、印度に手をつけたら世界同腹《ひとはら》になる。　（昭和十七年八月三十日）

（『大本神諭』には、世界が同腹になりて攻めて来ると繰り返し警告されているが、その時期を示されたもの）

（参照）『出口王仁三郎全集』第一巻「拳国更生」四百八十一頁「世界中攻めかけて来ると御筆先に書いてある」

同第五巻「独り言」五百七十一頁……「大本は世界の縮図であるから、軈《やが》て神国も一度は体主霊従国《からくに》に総攻撃さるゝ事があると云ふ神諭の実地が近づいたのであらう」

（『新版日本史年表』（石波書店）＝昭和十八年五月三十一日御前会議、大東亜政略指導大綱を採択。マレー、蘭領インドの日本領土編入。ビルマ・フィリピンの独立を決定）

○防空壕

京郡では墓穴を掘ってるだろう。人民は三分になるぜ。　（昭和十七年八月三十日）

○王仁は戦争責任者ではない

王仁は戦争責任者ではない。ロシアからもアメリカからもどこからも恨まれていないから、王仁が世界の仲直りをさせる。（戦争責任者ということを始めて聞いて、ビックリしたのであ

る）

（昭和十七年八月）

○神直日と大直日

問　一霊四魂の説明に『霊界物語』第十巻第二十九章「言霊解［三］」には「神直日《かむなほひ》とは、天帝の本霊たる四魂に具有せる直霊魂《ちょくれいこん》を謂ふ。大直日《おほなほひ》とは、吾人上帝より賦与せられたる吾魂《わがみたま》のなかに具有せる直霊魂を謂《い》ふ」とあり、第六巻第二十六章「体五霊五」には「大宇宙には、一霊四魂が原動力となりて、活機凜々乎《かっきりんりんこ》として活動しつつあり。まづ小宇宙の一霊四魂について述ぶるならば、大空の中心に懸れる太陽は直霊にして、之を一霊ともいひ、大直日神ともいふなり。而して太陽には、荒魂、和魂、幸魂、奇魂の四魂完全に備はり、その四魂はまた一々直霊《ちょくれい》を具有し、また分れ、四魂を為せり。是らの直霊を神直日神といふ」と示されてありますが矛盾はないのでしょうか。

答　（太陽の大直日神とあるのは）大神直日を略したのである。神直日といっても大直日と言っても同じことである。

問　基本宣伝歌の「この世を造りし神直日、心も広き大直日」の神直日は神様の直霊で、大直日は人間の直霊ですか。

答　そうだ。

（疑問おこり大本農園の王仁三郎聖師を思うと、たちまち木庭の額に右の問答通りの答え

あり。直ちに大本農園に赴き同様の問答あり、驚嘆する）　　（昭和十七年十月十二日）

○天人の語辞

問　天人の使用する語辞とは何でしょうか。

答　アオウエイのことである。この声でアア　エエ　ウウ　アンアン　オンオン　エンエン　インインと意志を表示する、この五大父音から七十五声が生れるのである。

（昭昭和十七年十月十二日夜　大本農園有悲閣にて）

（参照）『霊界物語』第四十八巻第九章。第十七章。同第十五巻第二十一章

○古事記と言霊学

問　古事記は言霊学で解けますか。

答　古事記は言霊学だけで判るものではない。言霊学でヒントを得て後は神がかりに聞いて判ったのである。

今は皇孫は南洋からとか大陸から渡来されたとか言っているが、全然（本当のことは）判っていない。こちら（日本）から行って開拓したのである。白鳥〇〇氏が人類学について本を出しているが間違っている。日本が本で日本から外国へ行って開拓したのであるから似ているのである。伊勢神宮のつくりが南洋の建築に似ているなどはこれである。

（昭和十七年十月十二日夜　大本農園有悲閣にて）

（参照）『霊界物語』第八巻第六篇「黄泉比良坂《よもつひらさか》」第三十九章乃至第四十三章。第十巻第二篇「禊身《みそぎ》の段」第二十七章乃至第三十一章。第十一巻第三篇「言霊解」第十五章乃至第十七章。第十二巻第四篇第二十八章乃至第三十章。第十五巻第二篇「古事記言霊解」第十一章

○国常立尊の御隠退

国常立尊《くにとこたちのみこと》の御隠退とは皇威が極東日本に極限されて日本だけ治めておられることであるが、外国に遠慮して『霊界物語』には小説にして書いてあるので、実際は裁判所で言った通りである。どこか一カ所に書いておいた。

（昭和十七年十月十二日夜　大本農園有悲閣にて）

（参照）『神霊界』大正七年七月一日号「神諭に就て」。『出口王仁三郎全集』第五巻　六百二十五頁「大本神諭に就て」。第二次大本事件控訴審公判調書分離第三回。

○世界統一

世界統一は○○○○が小アジアに君臨されなくては出来ぬのである。

（昭和十七年十月十二日夜　大本農園有悲閣にて）

○五男神は五大洲の先祖

アジアは葦原から転訛したのである。正勝吾勝といえばアジアという事になる。

正勝《まさか》吾勝《あかつ》勝速日《かちはやひ》天之《あめの》忍穂《おしほ》耳命《みみのみこと》はアジアにおられたのであり、（日出《ひので》別神《わけのかみ》として活躍）

（参照）『霊界物語』第十三巻第二章乃至第二十四章。第十五巻第一章。第三十九巻第一章乃至第三章

天之菩卑命《あめのほひのみこと》は出雲から南洋（黄泉《よもつ》島）オーストラリヤを支配され、

（参照）同　第十二巻第二十四章

天津日子根命《あまつひこねのみこと》は欧羅巴《ヨーロッパ》、

（参照）同　第十二巻第二十六章

活津日子根命《いくつひこねのみこと》はアフリカ、（高国別《たかくにわけ》のちに高山彦《たかやまひこ》となのりアフリカの主宰となる）

（参照）同　第十五巻第十二章乃至第十八章。第三十五巻第二十四章

熊野久須毘命《くまのくすびのみこと》はアメリカ、（八島主神《やしまぬしのかみ》ととなえる）

（参照）同　第十五巻第二十二章。第三十九巻第一章乃至第三章。第四十九巻第六章「梅の初花」

を支配しておられたのである。五男神は五大洲の人類の祖先である。この事を言わないと世界統一は出来ぬのである。

出口王仁三郎著歌集『月照山』『朝嵐三』

天国の理想世界を地の上にうつしたる時皇祖生れましぬ

大亜細亜中の御国の人の祖は正哉吾勝の神に坐します

太平洋の南西島の人の祖は天《あめの》菩《ほ》日神《ひのかみ》の命に坐すなり

欧州の大民族は天津日子根神《あまつひこねのかみ》の御裔と定められける

阿弗利加《アフリカ》の民族の祖は活津日子根神《いくつひこねのかみ》の御裔と神定めなる

亜米利加《アメリカ》の民族の祖は熊野樟日神《くまのくすびのかみ》の御裔と定められける

天照皇大神《あまてらすすめおほかみ》の神言《みこと》もちて人の祖先を間配り給へる

古史に無き右の神約一つとして帰神の宣示ならざるはなし

皇国に伝はる帰神知らざれば右神約は覚り得さらん

鎮魂や帰神の霊法御教祖の神諭学べば判明為すらん

日の神の光は地上而已《のみ》ならず幽世神界照らさせ給ふ

○アジアと世界

本アジアが現在のアジア

東アジア…アメリカ

西アジア…ヨーロッパ

南アジア…濠洲
西南アジア…アフリカ
で、太古は世界をアジアといったのである。アジアは葦原より変わったのである。アジアもアメリカもアフリカもエウロッパもオーストラリヤもアに反る（言霊反し）のである。大八洲とは世界の事である。日本人が判らぬので判るように日本の島々に名をつけて神様が教えられたのである。
（昭和十七年十月十二日）
（参照）『霊界物語』第三十九巻「総説」（葦原は亜細亜の意味であり、葦原はアッシリヤとなりアジアとなったのである。太古の亜細亜は現今の小亜細亜であったが、時世の変遷と共に、広大な亜細亜となったのである）

○七十五声音とア声

七十五声は全部アの変形である。
アーカーワーク
オーオ（ヲ）
（昭昭和十七年十月十二日夜　大本農園有悲閣にて）

○ア行ワ行ヤ行

ア行ワ行ヤ行のィイヰとエエヱとオヲとは同声音ではない。

天の声　アオウヱィ
人の声　ヤヨユエイ
地の声　ワヲウヱヰ

天の声は画と画との間が離れているが、人の声は引附いている。地の声は天の声と人の声との結合である。

（昭和十七年十月十二日夜　大本農園有悲閣にて）

○カタ仮名文字は言霊から生まれた

カタカナ（文字）は漢字の片方の変形ではなく、実は言霊から出たのである。正しく体得した人が南を向いて言霊を出すと腹に片カナで左字に響くのである。これからカナが出たのである。言霊の働く形そのままである。

（昭和十七年十月十二日夜　大本農園有悲閣にて）

○言霊の発射法

言霊は南を向いて発するものである。天祥地瑞にあるアは正しく南へ、アは東へ、アは西へ、アは北へ出す言霊である。（体は南に向いたまま）

（昭和十七年十月十二日夜　大本農園有悲閣にて）

（参照）『霊界物語』第七十四巻第二十四章「誠の化身」。第七十五巻第八章「結《むすび》の言霊」

○ア行

ア行は隠れることが多い。（ア行アオウエィ）

伊達（ダテ）　呼吸（キ）　八咫（ヤタ）　イタテ、イキ。ヤアタ

（昭和十七年十月十二日夜　大本農園有悲閣にて）

○紀の国

紀の国は木があっただけでなくカラタチの魂反しキだからである。カラタチはみかんの旧名である。紀伊と言っても同じで魂返しはキである。

（昭和十七年十月十二日夜　大本農園有悲閣にて）

○伊勢と紀伊

「伊勢の伊と紀伊の伊は何行のィイか判るか」と質問されるので「わかりません」と答えますと「伊勢のィはア行のィで離れている。紀伊のイはヤ行のイで引っついている」と教えられた。

（昭和十七年十月十二日夜　大本農園有悲閣にて）

○黄泉島とナミ

（世界の）黄泉《よもつ》島時代は中心が陸で水が取りまいて伊邪那《いざな》美命《みのみこと》が治めておられたのでナミと

いう。

（参照）『霊界物語』第六巻第二十一章「真木柱《まきばしら》」乃至第十巻第二十六章「貴の御児《うづのみこ》」、第十二巻第二十七章「航空船」

（昭和十七年十月十二日夜　大本農園有悲閣にて）

○シマとシロ

シマはシは水、マは丸い土で、水の廻っている所で世界は昔はシマ（島）である。セイロン島はセイはシ、ロンのンは動物音で、ロとなるからシロ島となる。廻りに水をめぐらした島でシは水、ロは固まるである。城《シロ》というのは固めた外に溝でかこんだところである。山城というけれど実は砦《トリデ》であって城ではない。

（昭和十七年十月十二日夜　大本農園有悲閣にて）

（参照）『霊界物語』第三十六巻第一章。

○コトタマガエシ

タマガエシ（魂反し）は言霊反しの略語である。ノアはナと反り、ナオはノに反る。

（参照）『瑞能神歌』「いろは歌」（その一）の

○霊界物語と魂反し

『霊界物語』には魂返しで書いてある。

ウツ　ハル　フサ　𛄠ル　ユ　𛄠ソ

アルゼムチム　ブラリル　ペルシヤ　𛄠ラム　ヨモツ島（ユ大陸）𛄠ミソノ（斎苑館）

（昭和十七年十月十二日夜　大本農園有悲閣にて）

（参照）（言霊反しの法＝頭の字のある行が、下の字のある列と交わる字に反る）フジの反しはフ行とジ列の交わるヒに反る。

○ンの言霊の次

ンの言霊の次はナ行に変化す。但しナンテン（南天）はテンは上だから変わらぬ。

天王寺（テンノウジ）男女（ナンニヨ）

（昭和十七年十月十二日夜　大本農園有悲閣にて）

○竹の言霊

竹はササというがそれはサソスセシと音を出すからである。風が少し吹くとササ。少し強く吹くとソソ、切り倒して引っ張る音はスースー。

（昭和十七年十月十二日夜　大本農園有悲閣にて）

○アオウエ𛄠とア𛄠ウエオ

アオウエ𛄠は正当の言霊、ア𛄠ウエオは二上り、三下り。タントンツンテンチンは本調子。

タンチンツンテントンは二上り三下りである。この言霊の原理が判れば歌でも浄瑠璃でもすぐ判るのである。鶏、馬、牛その他の動物の声は一切言霊に叶っている。

（昭和十七年十月十二日夜　大本農園有悲閣にて）

○大台ケ原と伊吹山

大台《おおだい》ケ《が》原《はら》は言霊がいったん大地に響いて宇宙（天）へ拡がっていくので、ちょうどラッパのようなものである。伊吹山は世界の鼻で伊吹山も同様の効果がある。（富士山は大地の鼻で、左鼻が浅間山で、右鼻が伊吹山である）

（昭和十七年十月十二日夜　大本農園有悲閣にて）

○一厘の仕組は言霊

今度の山口県の風水害は三時間にわたり津浪が来た。学者は地震により津浪が来るというが、そんなに地震が続くはずがない。神の意志があるからである。薩長は日本を荒らしたのであるから、第一番に見せしめをされたのである。これを見て改心せぬといよいよ最後である。一厘の仕組とは言霊であって、これを呼び起こすのである。大本では演習したのである。（大正八年旧八月七日）大台ケ原（旧八月十一日）伊吹山（旧八月九日）へ王仁が教えて派遣し、王仁は鎌倉に行ったのである。大台ケ原の日出ケ岳から言霊を発射したら○○の船が沈んでしまった。「ミカエル立ちて叫び玉へば山川草木皆靡《なび》く」とあるのはそれである。○○の船を浪に沈めてしまうのである。こんな事を言うと気狂だと言うから言わぬけれど……。

（昭和十七年十月十二日夜　大本農園有悲閣にて）

（参照）『神霊界』大正八年十一月一日号　十六頁

旧八月七日、王仁一行、日本国の臍《へそ》なる世継王山《よつわうざん》に昇り、言霊の実習を為す。太祓の奏上中、大雨巽方より襲い来る。忽ち白扇を披《ひら》いて天津祝詞《あまつのりと》の太祝詞《ふとのりと》を高唱す。風伯雨師声に応じて東北に去る。旧八月八日浅野氏一行の言霊隊を送る時、前記二首の蕪詩《ぶし》を詠ず。一隊は近江国伊吹山に、一隊は大和国大台ケ原に登る。大台ケ原は綾部の正南方に位し、伊吹山は正東方に位す。大台ケ原に向ひし一隊は八月十一日絶頂に達し、伊吹山に向ひし一隊は八月九日に絶頂に達し、各自声調を揃へて、天津祝詞並に大祓詞を臍下丹田より伊吹き放ち、七十五声を幾度も繰返し了って下山す。今回の挙は只単に探検に止まり、実際的の神業では有りませぬ。去《され》ど言霊の妙用は忽ち顕現し、十月五日（旧八月十三日）台風○○○○の山麓紀州沖に現はれ、地動之に伴ひ、山系の能登に反響し、次で名古屋、静岡、信越地方に突破し、○○○○終に東都を襲はむとする時しも、王仁幸《さひはひ》にして鎌倉に在り、神宮山に登りて言霊を活用せし結果、東京方面の被害を免がる。ア、言霊の天照国《あまてるくに》、ア、言霊の幸《さちは》ひ助け生ける日本神国、天祖の神勅言向和《ことむけやは》す。世界統御の深遠なる御経綸、吾々は感慨無量である。

（参照）『霊界物語』第一巻第三十五章「一輪の秘密」、第三十六章「一輪の仕組」

○大和三山

大和三山は畝火山は出口《いづぐち》で出口、天の香山は鼻で、耳成山は耳で三山を至上がお踏みになると大変なことになるのである。（大正五年四月二日旧二月三十日、大正天皇橿原神宮行幸）
日本はこの山があるので世界で一番尊いのである。外国は手足ばかりである。

（昭和十七年十月十二日夜　大本農園有悲閣にて）

（参照）『神霊界』大正八年十一月一日号「随筆」十六頁

神国の畠《はたけ》をサツマ芋や丁子《てうじ》が荒らして来たのであるから、跡の整理も荒らしたものがする責任があるにも拘《かか》はらず、雲にかくれて首を出さぬ大熊の卑怯さ。是も自業自得とは云ひ乍ら、能くも行詰つたものだ。俗謡に『あとの始末は誰がする鬼が出て来て始末する』何だか肩が凝る如《よ》うな、我々は思ひがするのである。

（参照）『出口王仁三郎全集』第五巻　七十頁

畝火山《うねびやま》の意義《いぎ》を、略解《りやくかい》せむとするには、順序《じゆんじよ》として大和三山《やまとさんざん》の御由来《ごゆらい》を、説明《せつめい》せなくてはならぬ。畏《かしこ》くも三種《しゆ》の御神器《ごしんき》は、極貴極尊《きよくききよくそん》にして極儀式《きよくぎしき》を保《たも》ち給《たま》ふが故《ゆえ》に、直《ちよく》接《せつ》に御名《みな》を称《たた》へ奉《まつ》らずして、其《そ》の鎮台《ちんだい》なる大和《やまと》の三山《さんざん》を以《もつ》て呼《よ》び奉《まつ》るのであります。この三山《さんざん》は礼《れい》の至《し》にして、敬《けい》の極《きよく》である。万葉集御伝授《まんえうしふごでんじゆ》に祥記《しやうき》さるゝを見《み》るべきである。
大和《やまと》の三山《さんざん》とは、天《あま》の香山《かぐやま》、畝火山《うねびやま》、耳成山《みゝなすやま》の事《こと》である。日本《につぽん》の国《くに》の国中《くになか》に、金輪際《こんりんざい》より顕立《けんりつ》し居《ゐ》る神山《しんざん》で、且《か》つ天底《てんてい》より来《きた》り養《やしな》ひ居《ゐ》る所《ところ》の、天《てん》の機脈《きみやく》に棲息《せいそく》せる霊峰《れいほう》であります。

蓋《けだ》し天《あま》の香山《かぐやま》は嗅山《かぐやま》である。鼻成山《はななすやま》である。花《はな》の山《やま》である。吾人《ごじん》の身体《からだ》にしても面《おも》の正《せい》中《ちう》に位《くらゐ》して息《いき》の緒《を》なり、玉《たま》の緒《を》の庫《くら》である。此《こ》の鼻《はな》の穴《あな》なき時《とき》は、一分間《ぶんかん》も吾人《ごじん》は生命《せいめい》を保持《ほぢ》する事《こと》は出来《でき》ない大地球《だいちきう》と雖《いへど》も亦同《またどう》一であつて、天《あま》の香山《かぐやま》に依《よ》つて生命《せいめい》を保《たも》ち得《う》るので、地球《ちきう》に於《おい》ても吾人《ごじん》の身体《からだ》に於《おい》ても第《だい》一の主司《つかさ》であります。三種《しゆ》の御神器《ごしんき》にては、神璽《しんじ》であり玉体《ぎよくたい》であり陛下《へいか》の御鎮台《ごちんだい》であります。

畝火山《うねびやま》は稜威《うねび》日、出日《うねび》、日出山《うねびやま》の意義《いぎ》であり、口成山《くちなすやま》である。即《すなは》ち天照日《あまてらすひ》の大神《おほかみ》の御《ご》活霊《くわつれい》として、世界《せかい》を照《てら》し給《たま》ふの稜威《うねび》日であります。三種《しゆ》の神器《しんき》にては、大皇鏡《おほみかがみ》の鎮台《ちんだい》である。一天万乗《てんばんじやう》の天津日嗣《あまつひつぎ》の主上《しゆじやう》が、大儀式《おほぎしき》を照《てら》して、此《こ》の稜威日山《うねびやま》を踏《ふ》み占《し》め鳴《な》り出《だ》し給《たま》ふ所《ところ》の七十五声《せい》が即《すなは》ち八咫《やあた》の大皇鏡《おほみかがみ》に鳴《な》り附《つ》きて、稜威《うねび》日の光《ひかり》を増《ま》し玉《たま》ふが故《ゆゑ》に、現在《げんざい》を照《てら》し給《たま》ふ御事柄《おんことがら》は、昼夜《ちうや》を貫《つらぬ》き徹《とほ》し玉《たま》ふが故《ゆゑ》に太陽《たいやう》よりも明《あきら》かに、且《か》つ厳重《げんぢゆう》なる次第《しだい》である。

故《ゆゑ》に主上一度《しゆじやうひとたび》、此《こ》の神山《しんざん》を践《ふ》み占《し》め給《たま》うた時《とき》に於《おい》ては、この至大天球之中《しだいてんきうのうち》に、極智充《かむつま》実《り》ます所《ところ》の、極乎恒々烈々神々霊々《きよくここうくれつくしんくれいく》たる、蒸気《じようき》よりも、煙《けむり》よりも、香《にほひ》よりも、猶々《なほく》微細《びさい》にして、眼《め》にも鼻《はな》にも入《はい》らざる所《ところ》の神霊元子《こゑのこ》が、玉体《ぎよくたい》に神集《かむつど》ひに集《つど》ひ来《きた》りて、鳴《な》り出《で》る所《ところ》の七十五声《せい》が、稜威《うねび》の光《ひかり》を増《ま》し玉《たま》ふが故《ゆゑ》に、高天原《たかあまはら》が写真《しやしん》に結晶《けつしやう》したる焦点《せうてん》の神鏡《しんきやう》と成《な》るのである。即《すなは》ち八咫鏡《やあたかゞみ》を温《ぬく》め奉《まつ》るが故《ゆゑ》に、善言美辞《ぜんげんびじ》の言霊《げんれい》を以《もつ》て、照《てら》し説《と》き極《きは》むる時《とき》は、世界《せかい》一切《さい》の天津誠《あまつまこと》の真実理《しんじつり》が、最《いと》も明白《めいはく》に照《て》り渡《わた》るのであります。天津《あまつ》金木《かなぎ》を、千座《ちくら》の置座《おきくら》に置《お》き足《たら》はして、此《こ》の七十五声《せい》の真象《しんしやう》を明《あきら》かに写《うつ》し出《だ》し、其《そ》の活機《くわつき》を顕示《けんじ》する時《とき》には、宇宙万有《うちうばんいう》一切明《さいあきら》かに照《て》り徹《とほ》り渡《わた》る。是《これ》ぞ全《まつた》く皇道大本《くわうだうおほもと》の神諭《しんゆ》にして、畝威日《うねび》の神《かみ》の出現《しゆつげん》であります。

耳成山《みみなすやま》は、聴《き》く山《やま》にして、気山《きやま》である。又《また》真釣山《まつりやま》である。世界《せかい》の一切《さい》の物事《ものごと》を聴《き》こしめし玉《たま》ひて、其《そ》の物事《ものごと》一切《さい》に相当《さうとう》する言霊《ことたま》を以《もつ》て、天秤《まつり》釣に真釣《まつ》り、善悪正邪理非曲直《ぜんあくせいじやりひきよくちよく》を厳重《げんぢゆう》に切《き》り分《わ》け、定《さだ》め極《きは》め給《たま》ふてふ、草薙神剣《くさなぎしんけん》の御鎮台《ごちんだい》であります。剣《つるぎ》は釣極《つるぎ》の意味《いみ》である。両刃《もろは》の釣合《つりあひ》を尊《たふと》みて、つるぎと読むのであります。

以上《いじやう》の説明《せつめい》に由《よ》つて、畝火山《うねびやま》の地点並《ちてんならび》に霊能活用《れいのうくわつよう》の大意《たいい》が分《わか》つたことと思《おも》ひます。

○素盞嗚尊の言霊

素盞嗚尊《すさのをのみこと》はスサは進展、ノは水、ヲは心、ミコトは神言で瑞霊神である。スサぶは荒れるのでなく活動することである。

（昭和十七年十月十二日夜　大本農園有悲閣にて）

（参照）『霊界物語』第三十九巻「総説」……「素盞嗚《すさのを》とはスバルタンの意であつて、スは進展《ス》、バルは拡張《バル》とか神権発動《バル》とかの意であり、タンは尊《みこと》とか君《きみ》とか頭領とかの意味である」

○虫の言霊

シミ（紙虫）ミはムシの言霊。ヘミはふくれる虫。セミは背を割って出る虫。

物集高見は本のシミといわれた。木庭はんは大本文献のシミみたいなもので、読むだけではなく紙を食う所まで行っている。

（昭和十七年十月十二日夜　大本農園有悲閣にて）

○羨と鼠と猫

人間の邪気で天井に羨という虫がわく。鼠はこれを好んで食うので鼠の糞や小便からうつった病気はひどいのである。ネヅミの魂返しはニである。猫はニヤンとなく。ニはネヅミ、ヤは退（やら）う、ンは動物音でニヤンと鳴くと鼠は逃げてしまう。すぐれた猫はナンと鳴くのもある。

（昭和十七年十月十二日夜　大本農園有悲閣にて）

（参照）『霊界物語』第三十二巻第一章「万物同言」

○主

主（シユ）の魂返しはスである。主神（スシン）。法主（ホッス）。

（昭和十七年十月十二日夜　大本農園有悲閣にて）

○ランドとネシヤ

グリーンランド・ニュージランドなどというようにランドは陸地の事、ネシヤは島のことで、ミクロネシヤは小さい島、ポルネシヤは多くの島、外に……メラネシヤとあるのは黒い島の意である。

（昭和十七年十月十二日夜　大本農園有悲閣にて）

○神示の宇宙

一、太陽は暗体である。消炭みたいなもので熱はない。水気の力で吸引力と放出力との間に折衷力が生まれ、八力との関係で光って見えるのである。学者は何億万年たつと燃え切ってしまうというがそんな事はない、変遷があるだけである。熱のない証拠に高い山程寒いのである。

一、神の実証は太陽である。太陽に神力を集中しておられるから、太陽を見れば神の存在は判るのである。学者の言うように太陽は消滅するものではない。

一、地球が廻って昼夜が分かれると学者は言うが、実は太陽は動かず、大地の傾斜運動によって生ずるのである。傾斜運動によって、暑いところが寒くなり、寒いところが暑くなったりする証拠は、動物の骨が寒帯から出るので判る。傾斜のあることは太陽の位置が毎日変わるので判る。

一、太陰は水が光っているのである。鏡のようなもので地球の影が写っているのである。日本から見るとヨーロッパが写って見えるのである。かけた月の半面の暗いところは月自体の影である。

一、星が東から西へ運行するように見え、北極星が動かぬように見えるのは傾斜運動のためである。洋傘の中心を北極星とし、一番近くに北斗七星を書き、周囲にその他の星を描き傾斜させてみるとすぐ判るのである。星は西から東へ運行しているが大地の傾斜で東から西へ入るように見えるのである。

一、東はヒムカシ、西はニは日月、シは沈むところ、南は三方の見えるところ、北は水火垂るの意である。

一、神示の宇宙として、『霊界物語』に発表しておいたが、学者と喧嘩になるので「夢か現か誠か嘘か嘘ぢやあるまい誠ぢやなかろほんに判らぬ物語」と書いて小説にしておいた。暇があったら学者をやってやろうと思っていたが暇がなかったので、これから書くが発表はせぬ。発表したら学者が真似してぐじゃぐじゃにしてしまうから。

（昭和十七年十月十二日夜　大本農園有悲閣にて）

（参照）『霊界物語資料篇』「神示の宇宙」。『霊界物語』第六巻第二十四章「富士鳴戸」

○鳴戸はアラル海

一、鳴戸はアラル海のことで、年中水量が変わらぬ。ここに大陸の水を吸収して、地中の洞穴に注いでいるのである。日本の鳴戸は譬《たと》えである。

（昭和十七年十月十二日夜　大本農園有悲閣にて）

アラルかい（アラル海　Aral. S.）中央アジア、トルキスタン地方、ソヴェト連邦カザーフ共和国内にある大塩湖。北岸はキルギス草地、南岸はトウラン低地に連なる。湖の全面積は約六二、〇〇〇ヘイホウキロメートル、その中で島の面積が一、二〇〇ヘイホウキロメートルを占める。無口湖であるため湖面の面積は長期間にかなり変化する。湖の標高は五三メートル、最大深度六八メートル、平均深度一八メートルで最深部は海面下一八メートルに相当する。おもな注入河川は北東岸からシル・ダリヤ、南岸からアム・ダリヤがあり、その河口には低湿な大三角州が展開されている。湖面の水位はプリュックナーの三十五年周期を現わす。生物学的には、アラル海はカスピ海とともに第三紀に黒海と連なって存在したサルマート海の一部で、その生物が残存しているため固有種が多いといわれる。塩分は一リットル中一一グラムくらいで、食塩、硫酸マグネシウム、硫酸カルシウムをふくみ、海水の約三分の一の濃度である。アラルとは島を意味する。（西条　八束）

（参照）『平凡社世界大百科辞典』『小学館世界大地図』

〇天の真名井

一、カスピ海、日本海、琵琶湖は大中小の天《あめ》の真名井《まない》である。

（昭和十七年十月十二日夜　大本農園有悲閣にて）

○大地の変遷（黄泉島とハワイ）

一、太古は一面のドロドロの大陸で少し固まって黄泉島時代（天津神の神政時代）は中心に陸地があって周囲に水が廻っていた。水半分陸半分であったので海は非常に深かった。黄泉島が陥落して今日の如くなった。

一、黄泉島は数万年前に陥落した。非常に文化が発達していたので、運河がほってあったのが今でも太平洋に大溝渠《こうきょ》になって残っている。南洋も、ハワイも黄泉島の固い部分が陥没の際残ったので、昔は岩ばかりであったが何万年の星霜《せいそう》をへて、いろいろの物が集まってきて今日の如く島となったのである。

（昭和十七年十月十二日夜　大本農園有悲閣にて）

（参照）『霊界物語』第六巻第十九章「祓戸《はらひど》四柱《よはしら》」乃至第十巻第二十六章「貴の御児」。第十二巻第二十七章「航空船」

○天照大神と素盞嗚尊の誓約（うけい）

天照大神《あまてらすおおみかみ》と素盞嗚尊《すさのをのみこと》の誓約《うけい》はカスピ海を中心に行われたのである。カスピ海以東アジアは天照大神《あまてらすおおみかみ》の御領分、以西ヨウロッパは素盞嗚尊《すさのをのみこと》の御領分であったのでその中心で行われたのである。昔の日本（欧亜大陸の境）で行われたのである。現今の琵琶湖は型である。

伊邪那美命《いざなみのみこと》の後をうけて地教山即ちヒマラヤ山で治めていられた素盞嗚尊《すさのをのみこと》は、コーカス山へおいでになりヨーロッパ方面へおいでになって治めていられたのである。

奥蒙古に行くと天照大神様《あまてらすおおみかみ》そのままの服装を今でもやっているのである。

（昭和十七年十月十二日夜　大本農園有悲閣にて）

（参照）『霊界物語』第十五巻第十章「神楽舞」。第十二巻第十六章乃至第二十六章。第二十九章

○植樹と天気

王仁《わたし》はいつでも木を植えられる。夏は地上に植えたらつくのである。冬は土中深く植えたらつくのである。

春夏は地気が地上に登る。これを天気登極といい、冬は天気が地中に入るのを天気降極という。この原理さえ判れば何でも判るのである。

春は地気が上騰するので一切の芽は黄色になるのである。緑色は光線を受けてなるのである。冬は天気が地に入るので紅葉して落ちるのである。

（昭和十七年十月十二日夜　大本農園有悲閣にて）

○開化天皇の御神業

穴太《あなお》の産土《うぶすな》様は稚日本根子彦大日日命《わかやまとねこひこおおひひのみこと》である。若き日本の根本の神様ということだから開化天皇はおくり名である。世界を統一される神様である。王仁は今は開化天皇の御神業をやっ

ているのである。それだから開化天皇の宣伝歌「若人の奮ひたつべき時は来ぬ若き日本の春は近めり」（昭和青年会会歌となる）を日本中歌って廻らしたのである。日本は古いけれども若い国である。（昭和六年十二月発表）

開化天皇は朝鮮、満洲、支那、蒙古、マレーまで行幸になったのである。王仁は今は開化天皇の仕事をやっているのである。

（昭和十七年十月十二日夜　大本農園有悲閣にて）

（参照）『神霊界』大正八年十二月一日号「随筆」二十四頁

△新十一月十八日、丹波南桑田郡曾我部村大字穴太の産土《うぶすな》小幡《おばた》神社へ一行と共に参拝し、神饌並に玉串を奉献しました。抑《そもそ》も当社の祭神は開化天皇様で、延喜式内の旧《ふる》い由縁の在る御宮で、屋根には十六の菊の御紋と、三ツ巴の紋が附けてありますが、私（註＝王仁）が去る明治二十一年二月帰神状態に成つた時、大心願を籠めて置いた神様であります。神名は稚日本根子彦大日日命《わかやまとねこひこおほひひのみこと》様で、此御神名を日本言霊学の上から奉釈すると、新の日本国建設大本皇威発揚の神言霊と曰ふ事に成ります。

私が此神様の氏子と生れ、綾部の地の高天原へ参上り、五六七《みろく》神政成就の御用を勤めさして頂いて居るのも、決して偶然では無いと曰ふ事が、首肯されるので在ります。

（参照）小幡神社への出口王仁三郎献詠歌

天狗さくら春の陽気に浮きたちて風に花の枝ふる宮に舞ふ　　月の家

神さひし小幡の森の花見かな　王仁

この花そ咲耶の姫の姿かな　王仁

桜　行く春の名殊惜しみて忙し身も小幡の宮のさくら花見し　王仁⊙

桜　おたふくの桜の主人はるはると訪つれて見る天狗のさくら木　王仁⊙

庭　おそ桜咲きほこりたる幹の下に薫りもたかき月桂樹さく　王仁⊙

（参照）『霊界物語』第一巻第一章「霊山修行」。第十九巻第一章「高熊山」

（参照）出口王仁三郎歌集『青嵐《せいらん》』

稚日本根子比古《わかやまとねこひこ》大毘毘《おほひひ》天皇《すめらぎ》の神を祭りし小幡の大宮

あたらしき若き日本の根本の宮の氏子と生《あ》れしわれなり

新日本もとつ光を地の上にあまねく照さむ御名ぞかしこき

大毘毘の神の命《みこと》のあれまさむ世は近づきぬこの地の上に

石《いそ》の上《かみ》ふるきゆかりのあらはれて世人《よびと》おどろく時近みかも

いつはりの殻ぬぎ捨てて天地《あめつち》の真木の柱の道光るなり

古《いにしへ》のいつはりごとのことごとくさらけ出さるる神の御代《みよ》なり

最上の善とおもひし事柄のあやまちあるを悟る神代かな

（参照）出口王仁三郎歌集『東の光』「道歌（二九）」

産土の神の形に生れたるひとの世にたつ年の初秋

○開化天皇と霊界物語

「開化天皇を知らずして『霊界物語』を読んでも判るものではない」と厳然として言われた。（昭和十七年冬）

（昭和四十九年十月十七日に小幡《おばた》神社の宮司、京都大学教授の上田正昭氏にお願いして、日本タニハ文化研究所の神床に開化天皇の御神霊を奉斎。京都府亀岡市本梅（元は本目）町平松原谷二十六番地百道。研究所の完成は十月十八日、『霊界物語』口述開始から五十四周年目の日）

○高千穂の峰は富士山

天孫降臨のつくしの日向の高千穂のくしふる峰とは富士山のことである。国常立尊《くにとこたちのみこと》の雄健びによって天保山が陥没して今の日本海となった時に出来たのである。（昭和十七年十月十二日）

（参照）『霊界物語』第一巻第三十一章「九山八海」。同第三十七巻第一章「富士山」。『古事記』

○頭槌石槌

（弟、木庭輝男が信州の清水氏より信州で拾得していたものを頂戴した石器を聖師にお目にかけると、左の如くお示しになりました。現物は昭和二十二年、聖師様の御病中に二代教主を通じて聖師へ献納した）

（くぶつつい、いしつつい）といって昔の武器で、石をうちかいて造ったものである。（右手に短刀を持つ如く握りしめて弟の首に向かって打ちつける形をしながら）これでこうして敵の首を打ったのである。石の槌だから石つついといい、頭をうつ槌だから頭《くぶ》つついといったのである。ツツイはツイの魂反しチとなりツチとなる。後世首を切るのを打つというのはこれによるのである。穴太は昔の古戦場であるから、これがあちこちに沢山落ちているのである。

（昭和十七年十月十二日夜　大本農園有悲閣にて）

（参照）『月鏡』「頭槌石槌」

○大本第二次事件の王仁上申書

一、控訴審で上申書を王仁《わたし》が出したのは、予審終結決定書（昭和十三年四月三十日）に「撞《つき》の大神《おほかみ》、国常立尊《くにとこたちのみこと》、豊雲野尊《とよくもぬのみこと》、至仁至愛ノ神及び素盞嗚尊《すさのをのみこと》ガ、出口王仁三郎ヲ機関トシテ顕現シタルヲ以テ王仁三郎ハ五柱ノ大神ノ霊代トシテ現御皇統ヲ廃止し日本ノ統治者トナルベキモノナリ……」と書いてあるので、機関は機械で意志はないから全く無罪であるのに、第一審の弁論の際には弁護士が気が附かなかったので書いたのである。

一、王仁は警察、検事局予審の取調中いつも寝ていたので足が悪い。（拘留及未決監）中の生活は一寸も長いと思わなかったが、今日で（未決から保釈）出てから二カ月と五日になるが非常に長い気がする。待っていた者は長かったろうと思う。

一、今度の事件は芋大根事件で大根と芋にこじつけねば治安維持法違反にならぬのでやったのである。
大根は太閤だから二代にそれをやったからお前はその上で天皇陛下を廃して変わるのだろうと予審判事が言っていた。
リンゴ三つ取ったのは、日地月三輪で宇宙を統一するのだから地上の王をなくして、地上の大帝王になるのだろう。頭芋は世界各国の頭になるのだろうと言った。宗教が地上を統一するのは元より、宇宙を統一するのは当然だのになア。

（昭和十七年十月十二日夜　大本農園有悲閣にて）

（参照）出口王仁三郎上申書　昭和十六年十月二十六日

一、予審終結決定ニ依リマスト「国常立尊、豊雲野尊、撞ノ大神ハ出口王仁三郎ヲ機関トシテ顕現シタルヲ以テ」ト書イテアリ「又至仁至愛ノ神及素盞嗚尊ハ出口王仁三郎ヲ機関トシテ顕現シ」トアルノデアリマス、抑々機関ト申シマス語ハ道具ノ意義デアル事ハ現今ノ学者ノ意見デアルコトハ争ヒノナイ所デアリマス、ソシテ道具ニハ意志ガアリマセヌ、仮令道具ソノモノヲ霊代又ハ霊台ト致シマシテモ、霊代、霊台ニハ意識ハアリマセヌ、之ニ由リテ之ヲ考ヘマスルト、其主謀者ハ以上列挙サレマシタ五柱ノ大神デアル様ニ見エ、国体変革者ハ無形ニ坐ス神々デ予審終結決定書モ神々ニ対シテ御書キニナリマシタ様デ被告人ニハ法律ヲ解セナイ為カドウシテモ合点ガ出来マセヌノデアリマス

○戦争と信仰

二代様　先生（聖師）、戦争はなかなか片づきませんな。

聖　師　片づくもんか。

二代様　それでも大本の信者の死んだのはあまり聞きませんな。

聖　師　信仰があれば死なぬ。ここの親類でも信仰のない者は死んでいるけれど。日露戦争の時はお守（大本の）を持って行った二人（小西増吉、岩佐定吉のちの小畑定範）の信者は二十聯隊全滅の時に助かって帰った。常陸丸の時もお守りを忘れて取りに帰って見たら、船が出ていて乗りおくれたため助かったので自首して出たら『それはよかった』とほめられたことがある。

（昭和十七年十月十二日夜　大本農園有悲閣にて）

（聖師が保釈出所されたので、大本信者が全国から喜んで面会に来始めた。このままにしておいたら保釈取消のおそれがあるので、手分けして知っている信者にその由を手紙を出すことになりました。手紙を出してからは、木庭としては、聖師への御面会を御遠慮した。

聖師から使者がまいりましたが、一回、二回とも遠慮していました。ところが三回目の使者がまいりましたので、これ以上御遠慮しては失礼にあたると御面会に参りました。二代教主は甘酒をわかして馳走して頂き、聖師よりは四時間にわたりお話がありました。たまたま弟の輝男も私のところに来ていましたので、一緒に拝聴しました。

昭和十七年八月七日午後に大阪の若松刑務所を出所された、天日の下の聖師の顔は土色に見えましてビックリしました。裁判の仕事をする時に祈願しますと、十センチくらいの小さい姿で額の白毫から出入して教えられた聖師と二人の聖師が心の中に出来て悩んでいましたのが、四時間のお話によってまったく一つとなられました）

○若松町八番地

「王仁がいたから爆弾が落ちなかった」と言われた、大阪市北区若松町八番地にあった大阪若松刑務支所。大本第一次事件の際には、蒙古入りのために不敬ならびに新聞紙法違反の責付の保釈をとりけされて、大正十三年七月二十七日から九十八日間拘置された。大本第二次事件の際には、昭和十年十二月八日から京都市内の警察署の留置場をはじめとし、京都中京刑務支所、京都刑務所に続いて、昭和十五年四月十八日から若松支所に入り、満六年八カ月をみたした出口王仁三郎聖師の聖苦の場所である。（昭和五十三年二月一日附で西天満町と町名を変更された）

（参照）『霊界物語』「特別篇　入蒙記」　第三十六章「天の岩戸」。出口王仁三郎歌集『月照山』『朝嵐』

○世界の良め

問　世界はどんなになるのでしょうか。

答　どうせ艮の金神が艮《とどめ》をさすのじゃ。
（昭和十七年十月二十二日）

○空襲と河童

寒くなったら空襲の意味。
河童が甲羅を干して居る云々の歌
（昭和十七年十月二十二日）

○未決中の歌

久しきになれし吾身はオリオンの星座も我家と思ふたのしさ
天地に御国をいのる声さへもしのびしのびにいのる祝詞《のりと》かな
（昭和十七年十一月十五日）

○警察の取調べ

（大本第二次事件の警察での取調べの時）

神功皇后と武内宿弥は云々だから、大本では神功皇后を礼讃するのだろう」と警察官が言った。警察官が不敬である。

（昭和十七年十一月十五日）

○瑞霊の言葉

今までは瑞霊（王仁三郎）の言うことは、裏を聞けといって、何でも反対に取るので、なんぼ本当の事をいって聞かしても何にもならなかった。

（昭和十七年十一月十五日）

○保釈出所の歌（聖師より母、木庭フデに十一月十五日旧十月八日、染筆して頂いたもの）

やちまたのせきしよをこへてやうやくにわれ花明山の月を見るかな

○書法

王仁は、ぐちゃぐちゃに書くのが大嫌いだ。足の先まで力を入れて書く。

（昭和十七年十一月十五日旧十月七日）

○猫

猫には一番うまいところをやるから、御飯時には知ってやって来る。

（昭和十七年十一月十五日旧十月七日）

○控訴審の判決

今度の事件は誓約《うけい》である。判決が無罪にならなかったのは、非常に結構な事で、信者が鎮まっているのでよいのである。

（昭和十七年十一月十五日旧十月七日）

○紺屋の白袴

紺屋の白袴で、子供には一つもやってないので、百枚づつ書いてやることにした。五百枚（色紙）書かねばならぬ。

（直日様、むめ乃様、八重野様、尚江様、住之江様）

（昭和十七年十一月十五日旧十月七日）

○アーメニヤ

アメは天でアーメニヤ、天照大神《あまてらすおおみかみ》はここにおられた。

（昭和十七年十一月十六日　桜井重雄氏拝聴）

（参照）『霊界物語』第三十七巻第一章「富士山」……「アーメニヤといふことは天の意味また は高天原の意味」

○天菩卑命

天《あめの》菩《ほ》卑命《ひのみこと》は印度と豪洲を治めていられた。

（昭和十七年十一月十六日　桜井重雄氏拝聴）

○未の年

ひつじの年には、旧九月より入っている（十月十日旧九月一日）。

（昭和十七年十一月十六日旧十月八日　桜井重雄氏拝聴）

○朝鮮と満洲と支那（中国）

朝鮮、満洲、支那は危くなる。朝鮮に徴兵制度を布いたのは失策である。
（昭和十七年五月九日、朝鮮に徴兵制度施行を決定）

（昭和十七年十一月十六日　桜井重雄氏拝聴）

○両聖地と東京及び京都

亀岡（天恩郷）は東京の型、綾部（大本神苑）は京都の型である。

（昭和十七年十一月十六日　桜井重雄氏拝聴）

○尾張、半田

尾張、半田の中断は明治三十一年に高熊山で見せられている。五分間で飛行機が通過する。

（昭和十七年十一月十六日　桜井重雄氏拝聴）

○戦略

○○、○○をとっておればよかった。手を広げすぎた。することなすこと反対ばかりだ。

（昭和十七年十一月十六日　桜井重雄氏拝聴）

○王仁は決して動かない

お筆先にもあるように、王仁はうまいことといって来ても、決して動かない。

（参照）『王仁書画集一』　今俺の出る時でない天も地も静まりかへるしほ時を待たう　王仁

（昭和十七年十一月十六日　桜井重雄氏拝聴）

○白装束

軍服を着る時はない、白装束だ。

（昭和十七年十一月十六日　桜井重雄氏拝聴）

○珊瑚海の戦

サンゴ海の戦では、非常な犠牲をはらっている。（オセアニア）

（昭和十七年十一月十六日　桜井重雄氏拝聴）

○素盞嗚尊の三女神

三女神（多紀理毘売命《たぎりひめのみこと》、市寸島比売命《いちきしまひめのみこと》、多岐都比売命《たぎつひめのみこと》）は、小さい島におられた。

（参照）『霊界物語』第十二巻第十六章乃至第二十六章

（昭和十七年十一月十六日　桜井重雄氏拝聴）

○大本事件は誓約

もう誓約《うけい》は済んだ。有罪だったので吾勝てりがなかった。あなた達は五十猛《いそたける》だ。

（昭和十七年十一月十六日　桜井重雄氏拝聴）

（参照）『霊界物語』第十五巻第十章「神楽舞」

○月宮殿の破壊

帝都が安全なように「君が代は千代万代にさかえませと石もて造りし月宮殿かな」と祈って、月宮殿を石で造った。その時に、これを壊すのは大変だと言っておいた。

（昭和十七年十一月十六日　桜井重雄氏拝聴）

（参照）月宮殿竣成式　昭和三年十一月十六日旧十月五日午前八時半。月宮殿破却に二十一日間ダイナマイト千五百発を費やす。昭和十一年六月十二日旧四月二十三日、亀岡の破却終わる。

（参照）昭和二十年三月九日、十日B29約百三十機、東京大空襲（無差別夜間爆撃二十二万戸、焼失、死傷十二万人、罹災者百余万人、五月二十五日夜間爆撃をうけ、二十六日朝、皇居炎上）

○饒速日命と二二岐命

饒速日命《にぎはやひのみこと》は十種《とくさ》の神宝《かむたから》、二二岐命《ににぎのみこと》は三種の神器をもらわれた。王仁は饒速日だ。十種の神宝は天の数歌の一二三四五六七八九十のことで、十種は十曜だから王仁は十曜の紋をつける。

経《たて》の万世一系と緯《よこ》の万世一系と揃うのが、世界十字に踏みならすことだ。㊉は裏の紋だ。開祖は御所の中に入って守護すると、いつも言っていられた。今のお方は変らぬ、大〇〇〇と似ていられる。世界統一（道義的）は緯の万世一系の役。これがなければ、経の万世一系だけではいかぬ。

（昭和十七年十一月十六日　桜井重雄氏拝聴）

（参照）『大本神諭』明治三十二年旧六月三日
同　大正八年二月十三日旧一月十三日
『霊界物語』第十三巻「総説」（二）神旗の由来
同　第一巻第十九章百十二頁
「世を救ふ弥勒の神の標章《みしるし》は〇に十字の神定めなる」
『出口王仁三郎全集』第五巻「言霊解」「皇典と現代」十一頁

〇天壌無窮

天壌無窮は、天地とともに無窮ということだ。天地無窮では意味をなさぬ。

〇小三災と大三災

饑病戦の小三災は来ている。病は思想である。今度は大三災である。小倉の大本筑紫別院に王仁の歌碑があったが、あそこで言霊を放つつもりであった。

大本筑紫別院の歌碑（大本第二次事件により破壊されたが、再建されて現在は北九州市の大本筑紫本苑の神苑にあり）

（昭和十七年十一月十六日　桜井重雄氏拝聴）

浪の奥雲の彼方に浮びたる生しまくまなく朝日は照らふ　王仁
千早ふる神の大道を余所にしてわが日の本の治まるべきやは　王仁

（参照）『出口王仁三郎全集』第二巻「弥勒の世」

○国常立尊と二二岐尊

国常立尊《くにとこたちのみこと》はアーメニヤ方面から、日本（現在の）へおいでになった。年代はほとんど同じくらいである。二二岐尊《ににぎのみこと》の降臨の高千穂の峰は富士山である。

（昭和十七年十一月十八日　波多野義之氏拝聴）

（参照）『霊界物語』第三十七巻第一章「富士山」

○上流

今の上流は綾部に来て助けてもらえば上等である。それも改心すれば。

（昭和十七年十一月十八日　波多野義之氏拝聴）

（参　照）『出口王仁三郎全集』第五巻「言霊解」［巻絹］

○神教宣伝

神力を先に示し、風水火でやってしまってそれから教を宣伝するのである。今まで教えても判らぬから。……大本の言うようになった、と言うばかりでは何にもならぬ。

（昭和十七年十一月十八日　波多野義之氏拝聴）

○霊主体従

霊主体従ということは、天照大神《あまてらすおおみかみ》と素盞嗚尊《すさのおのみこと》の御活動を説いていけば一切の事が判るのであるが、これを明らさまに書くと問題になるので、天照大神《あまてらすおおみかみ》を霊として、素盞嗚尊《すさのおのみこと》を体として説いておいたのである。神武天皇以後は体系ばかりである。霊系を尊ばねば治まらぬ。

（昭和十七年十一月十八日　波多野義之氏拝聴）

○大審院の判決と世相

（大本第二次事件）大審院の判決は来年の今頃だろうが、その頃は大変で判決どころではない。

（昭和十七年十一月十八日　波多野義之氏拝聴）

○達磨の絵の意味

達磨のあくびの絵は、王仁の未決の中のことで、躍っているのは王仁が未決から出てからのことである。

（昭和十七年十一月）

（参照）『王仁書画集二』「大欠伸」

泥仕合互にあらをさらけ出す現世に達磨の大欠伸かな　王仁

（昭和十七年十一月）

○河童の絵

河童が腹を干していると、水が出てきて、寒くなって助けてくれというのは今のこと。寒くなったら気をつけよ。

○送別会のつもり

六十歳以上の更生会（昭和十年、亀岡天恩郷透明殿で十月二十三日、綾部庶務階上で十月二十四日）をしたのは（未決に）這入《はい》るのが判っていたから、別れのつもりでやったのである。

（昭和十七年十一月）

○子指の拇印（第二次大本事件予審訊問調書）

予審訊問調書の中、十二段返しの歌の点と制作の時機（第十回）、「いつのひかいかなる人のとくやらむこのあめつちのおほひなるなぞ」は王仁が作った歌、（第五十四回）及び、王仁及び出口家のものは神々の霊代ではない（第八回）との点が気に入らないので子指で拇印を押し

ておいた。　　　　　　　　　　　　　　　　　　　　（昭和十七年十一月）
（控訴審の法廷で聖師が「気に食わないところには子指で捺印しました」と陳述されると、直ちに高野綱雄裁判長は予審訊問調書で確認した）

○有栖川

王仁は有栖川《ありすがわ》の宮《みや》の熾仁親王《たるひとしんのう》の落胤である。
（控訴審　昭和十五年十二月十一日「母が死ヌ一寸前ニ母ガ私ニ話シテクレマシタ」）

○二股は御免

○○さんと○○（○○）さんは時処位を知らぬ（裁判所の法廷の中でのこと）。しかし真剣だからよい。二股は御免だ。もうとられることはない。大丈夫。
（昭和十七年十一月）

○後十年の辛棒

後十年の辛棒だ。
（昭和十七年十一月）

○贖罪

贖い（救世主の）によって、大難は小難となるのは、お筆先のとおりである。

（参照）『霊界物語』第十二巻第三十章「天の岩戸」。「感謝祈願《みやびの》詞《ことば》」

○星と桜と提灯

（二代教主が「先生何も言ってはいけません」と申されると「あなたは内輪だから」と短冊を渡して読みあげられて「黙っているようにということだ」とさとされて「ほしは陸軍、さくらは海軍、ちょうちんは警察のことだ」と語られた。

ほしとさくらふりきてふちんその外はくひもまはらぬやみよなりけり　王仁

（昭和十七年十一月二十八日正午頂く）

○大本第二次事件回顧の歌（王仁）

はるの花あきのもみちもしらくものよそにまとべの月をみるかな
おもひきやみくにのためにつくす身のさばきのにはにけふたたんとは
すめ神に御くにを祈るこゝゑさへもしぬひしぬひに宣るのりとかな
ぬれきぬもひるめの神のそらはれてこころのそらに雲きりもなし
なかとしをおりをんほし坐に苦しみてはれていさみてみそのにかへりし
あらし山はなをめでつるゆめさめてまとの外見れば月ゆきのには
かくれたりかけたり丸ふ戻る月（亀岡の中矢田の聖師の新築の家の部屋にかけてありしもの）

吾こそは浪静まりし洋の月（大阪中の島の大本事件裁判事務所にかけてありしもの）

あめつちの神のまもりのあつくしてもののわさはひうけざりにけり
ぬれきぬもひるめのかみのそらはれてこころにかかるくもきりもなし
やちまたのせきしよをこえてやうやくにすむ花明山の月を見るかな

○そら豆

そら豆は莢《さや》が空を向いてついているから、そら豆というのや。

（昭和十七年十一月）

○人肉戦争

人肉を食うて戦争するようになる。○の肉は食われる。

（昭和十七年十一月）

○大三災

今の世の中は誰が出てもあかん。王仁が出てもあかん。ただ大三災でやってしまうより外はない。王仁は神様にお願いするのだ。しかし王仁のようなもののいうことを聞いて下さるだろうか。

（昭和十七年十一月）

○誓約と弁論

さがみにかみて吹き棄《う》つるとは弁論のことやで、さがみは、かみわけることで、そして吹くだろう。

（昭和十七年十一月）

○八紘一宇

ありがたやわれ現身のまのあたり八紘一宇のみ業みんとは　王仁

思ひきやわれ現身のまのあたり八紘一宇のみ業みんとは　王仁

（昭和十七年十一月）

○至聖先天老祖は大本開祖様

大正十年大本事件の時、大阪の大正日日新聞社から京郡の刑務所に入れられた時（二月十二日）、開祖様が出て来て支那に行って経綸をすると言われてから、紅卍《こうまん》字《じ》会《かい》が出来た。老祖は開祖様だ。

（昭和十七年十一月）

（参照）『神の国』大正十二年十二月十日号　二十八頁「世界紅卍会の大元　支邦道院に就て」（北村隆光著）……「大正九年の冬、支那山東省浜県に於て、洪解空、劉福縁の両氏に依りて、『老祖』（大本の大国常立尊に当たる）の神がかりになる『乩示』に基き『太乙北極真経』と曰ふ神書が出された、これが道院の濫觴《らんしょう》である」　道院の成立は大正十年旧二月九日（新三月十八日

○竹の門

昭和十七年十二月八日、聖師のいます家の玄関の竹の門を、とじられしという。

（昭和十七年十二月八日）

○暴風よけ

聖師が暴風よけに、ガラスに紙をはられしを見聞きす。

（昭和十七年十二月十日）

○蒙古入りと山料

蒙古に入って、大上将素尊汗（スーツウハン）となって、蒙古入りをしたことを思えば、山科（京都刑務所）は屁のようなもの。まだまだえらい事になる。

（昭和十七年十二月十五日　日本晴）

○霊界物語に神国の所以を明示

『霊界物語』は八十二巻出たはず。それには神国の所以がハッキリ書いてあったろう。

（昭和十七年十二月十八日）

○真神様の言うべきこと

真神様《かみ》は昭和十年までに、言うべきことは言ってしまってあるから、王仁は何もせずただ遊んでいるのである。あちらの神憑や、こちらの神憑に迷うのは二君に仕えることである。昭和十年までに入信して難関を突破したのが、真の信者である。それに迷うものは、帳を切られる。昭和十年までに入ったのが真の信者である。

（昭和十七年十二月二十二日）

○日本の敗戦

日本は負ける。今は五分五分。来年は四分五分。次は三分七分。次は二分八分で日本は敗ける。

（昭和十七年）

○世界統一

ユダがしばらく世界を統一する。それから○○の番だ。

（昭和十七年）

○天王台の審神と大本事件の予言

今度（第二次大本事件）が天王台の審神であった。もう神様のお仕組は立派に成就して、善悪は立別けられたのだから、もう何もする必要はない。じっとしていたらよい、因縁の身魂は、全部引き寄せられている。『霊界物語』第二十八巻に今度の（大本）事件の予言を書いてある。

「神諭」大正七年十二月二十二日旧十一月二十日「天王台《てんをうだい》の神庭《さには》会議が始りたら、何如《いか》な守護神でも薩張《さつぱり》尾を出して、化けの皮を表はすやうに成るぞよ」

（昭和十七年）

○三十生きる

王仁はこれから三十生きる。御用が残っているから。

（昭和十七年）

○松岡は王仁のこと

『神霊界』大正八年二月十五日号　八頁掲載の大正八年一月二十六日「松岡」。「松岡一」として発表されたのは王仁の文献である。

大正八年一月二十六日　松岡

大正の照代神聖の御代は、空前絶後の回天的御皇運大発展の為に、国の大祓大洗濯の大事業を為すべき、神界の経綸の時機の到来したのである。

大祓は国政の根本的革正神業であつて、天照皇太神直系の子孫たる天津日嗣天皇の御天職であり、神聖なる皇祖神の遺勅に示し給ひし皇道の大本を顕彰し奉り、国体の精華を発揮し玉ふ大神業にして、神聖昭代に完全せらる可き天運が到来したのである。

国祖国常立尊《くにとこたちのみこと》の稜威を以て、天下を道義的に統一し給ふべき、空前絶後の天津日嗣の必然実行せらるべき大神業であつて、豊国主尊《とよくにぬしのみこと》と神徳を顕彰し玉ふ時機が到来したのである。欧洲の戦乱は、実に日本国光発揚の神界の準備であつたのである。

天下万民の身魂の罪穢は、現代行はるる如き虚礼、虚飾一遍の掌典や、神官神職等の執行する太祓式にては決して祓ひ清めらるべきもので無い。二千有余年来神社又は教会にて行ふところの修祓式の如きは、実に無能無力にして、只形式のみで在るから、其証として天災地変又は人為的騒乱を祓除し能はぬもので在る。然れど其局に当れる神官神職等は実に蒙昧無智にして、自己の重大なる責任たる事さへも帯感し能はざる厄介者であるから、天地の神霊に対して国家の安泰を祈願するも少しも感応無きは寧ろ当然の結果である。反省せよ覚醒せよ、恥を知って根本より改心せよ。革正せよ。恐惶謹慎以て先づ自己の身魂を洗い清め、罪穢を祓除し、以て神人合一の境地に進み、能く神祇の本能を発揮し奉れよ。神社の崇拝は決して形式では無い　皇国々威宣揚の枢軸にして、世界平和の根本機関である。至誠奉公神聖なる皇祖皇宗の御遺訓を研讃し、且つ之に奉答するは、神祇に奉仕するもの、一大任務である。

○有卦に入る

これから王仁は有卦に入る。それから四年は無卦である。（昭和十七年末　保釈出所後）

（陰陽道で人の生年を干支に配して、七年間吉事が続くという年まわりを有卦という。幸運にめぐりあう）聖師は出獄より御昇天までが有卦である。

○神がかりと学者

学者には神がかりはないものである。大学者で神がかり（帰神）になったのは王仁一人である。

（昭和十七年冬）

○経済で世界を立替

今度は世界を経済で立替える。

（昭和十七年）

○謎の話

（聖師が真面目な顔をして何回も何回も木庭に話された話。謎の話）

京都に王仁の糞を食う信者がいた。王仁が行くと御飯を出すので、王仁の糞が入れてあるかと聞くと、聖師さんの分には入れてありませんが、他の信者には入れてありますと言う。

（昭和十七年）

○木庭の産土様

昭和十七年秋のこと、亀岡の鍬山神社の秋の祭礼に御奉仕しまして、中矢田の聖師様のお家に参上いたしまして「産土様へ行ってまいりました」と申し上げますと、「貴男の産土様は小《お》幡《ばた》神社である」と教えられました。長男元晴の結婚式を小幡神社でお願いしましたことに、今更驚いていているのであります。

○音楽家にせよ

聖師が、斎藤英祥氏へ一人息子の斎藤英美氏を見て「音楽家にせよ」と言われた。当時、京都市の西洞院丸太町通にミシン販売店をしていた斎藤さんは、学費がないので、そのままにしていたら、独学で電気オルガンの大演奏者となった。

（昭和十七年）

○駒に鞍

駒に鞍おきても寝ても忘れぬは世界和平の願ひなりけり　王仁

○世界は王仁の思う通りになる

今までは世界は王仁の言うた通りになったが、これからは世界は王仁の思う通りになる。

（昭和十七年八月）

○ああ王仁が書いたのか（霊界物語三神系時代別活動表）

聖師様が昭和十七年八月七日、八年の拘置生活を過ごして、保釈で出所されて、亀岡の中矢田の大本農園の有悲閣二階に、夫人の二代教主と住居されました。「木庭に会いたい」との使者がありましたので、参上致しました。京都地方裁判所に証拠として提出した。「霊界物語三神系時代別活動表」を差し上げますと、掛図になっている表をひらいて御覧になり、「アア王仁が書いたのか」と喜んで受けとって頂き、床の間にかけられました。

思えば昭和十三年の秋のこと、京都市中京区高倉通丸太町下ルの赤塚源二郎弁護士の裏にあった、大本裁判事務所で、弁護の事務に従事していた。ところが赤塚弁護士から木庭に「林逸朗弁護士が、京都に下宿して、大本の文献を皆読破して弁護をするといって着手されたが、『霊界物語』第一巻を半分読まれて、「大本は神様が多すぎる。神様の系図をつくらぬと弁護は出来ない」と東京に帰ってしまったから、木庭さんが、『霊界物語』の神様の系図をまとめてもらいたい」とのことであった。

私は早速引きうけて、『霊界物語』の拝読にかかりました。私は大本第二次事件で検挙拘留されるまでに、二回しか読了していませんので、三回目の拝読によって、神系表はなかなかまとまらなかった。ある日赤塚弁護士に招かれて行きますと「明日出来ないと証拠提出の日がなくなる」とのことであった。

その夜、下宿（京都市左京区松ケ崎正田町二十一番地の児島広光氏宅）で、著者の出口王仁三郎聖師に瑞霊苑のみろく神像の写真を御神体として真剣に祈っていますと、頭の上から、不思議な尊い力が、グングンと這入《はい》ってまいりました。これこそ聖師の聖霊の帰神だと感じまして、たちまち墨をすって、筆をとって一晩で、「霊界物語三神系時代別活動表」を書きあげまして、翌日赤塚弁護士へ手渡し致しますと、赤塚弁護士は提出して帰り、庄司直治裁判長が「よほどふるい信者が書いたのでしょうと言っていましたよ」とのことであった。説明書も書いてほしいとのことで、同説明書を書きました。

神がかり状態で、一晩で書きあげられたのは、全く出口王仁三郎聖師の聖霊の感応と思っていましたが、聖師様に差しあげたところ、一目見て「ああ王仁《わたし》が書いたのか」と申されたので、益々確信を得ました。

私にとって「霊界物語三神系時代別活動表」は、聖師の聖霊にみたされて書かされた上に聖師自ら校閲して頂いた尊い文献である。

○聖師と大阪控訴院の判決

控訴院の判決は、大法廷で公開でおこなわれた。高野綱雄裁判長の、二時間半にわたる判決文の朗読であった。陪席は田村千代一判事、土井一夫判事、検事は平田奈良太郎。弁護人。被告人は聖師以下ほとんど全員。

昭和十七年七月三十一日、炎天の暑さも何一つ感じない感動であった。富沢効弁護士は主文を聞いてから、ウロウロと二時間半も立ち通しであった。「暑い時に東京から大阪まで行ってカツンとやられるのではないか。もし無罪になったら山藤暁（木庭の別称）大明神のおかげである」と皮肉タップリの葉書をよこした富沢弁護人にとっては、この判決は大感激の青天の霹靂であった。

聖師は治安維持法違反事件無罪の判決にソッと涙をハンカチで拭かれた。

（昭和十七年七月三十一日）

○予審調書フリーメーソン本部へ入る

大本第二次事件の予審調書がフリーメーソン本部に入ったから、もう大本は大丈夫だ。

（昭和十七年）

○三五教祝詞と神徳

昭和十七年八月七日に大阪若松拘置所から保釈で亀岡の大本農園に帰られた聖師は、『霊界物語』第六十巻に（附言）「天津祝詞神言の二章は古代の文なれば現今は使用せず」として発表されていた三五教《あなないきよう》の祝詞天津祝詞や神言や感謝祈願詞を奏上され始められまして、「この祝詞を奏上しないと神徳はない」と教えられました。早速に亀岡と綾部在住の大本信徒から、奏上を励行しました。ついで日本全国に及び朝鮮半島、中国、満洲や海外の信徒も奏上することとなりました。

（参照）『霊界物語』第六十巻「真善美愛」亥の巻第四篇「善言美詞」

○日本海の海底都市

これからは日本海の海底に都市ができるようになる。人間が海底に住むようになる。

（昭和十七年）

○番茶を飲んで

昭和十七年秋のことでありました。大審院の大本裁判事務所となった横町二番地で、一人で大審院の裁判の準備をしながら、謄写しておりました。聖師様がヒョッコリ這入《はい》って来られて手づから、木庭の湯飲み茶碗に、薬缶から番茶をついで飲みながら「いそがしそうだから」と帰っていかれました。暖かい御配慮は陰に陽にこれから御昇天の日まで続きました。

○警察に感謝せよ

聖師が保釈出所された直後に「木庭はん、あなたは警察に感謝せよ」と申されるので、聖師の顔を見つめていますと、「木庭はんが勉強出来たのは警察のおかげだよ」と教えられた。

○たばこ

聖師が保釈出所されて、「すぐ来るように」と使者が参りましたので、早速大本農園に訪問しますと、夕食中で、たばこと上書した包（二十円）を渡されました上で、「これを食べなさい」と副食を私に食べさせられた。

二代教主が未決から第三女、八重野様を見舞いに大本農園に帰られた際に「おふでさきに、先になりたらきりきり舞をして喜ぶ者と、きりきり舞をして苦しむ者が出来るぞよとあるが、結構な御用が出来ていますよ」と語りながら、「おみやげ」と表書きした包（十円）を下さったのと合わせて、三十円で、熊本の瑞霊苑みろく神像の前の八足台を献納させて頂いた。

○朝嵐（大本第二次事件回顧歌集）

木庭次守は、出口聖師が、大本第二次事件のために、昭和十年十二月八日に、最初に拘留された、京都市中立売警察署の留置場第十一房に、昭和十一年七月に半月あまり留置されたために、聖師の大本第二次事件回顧歌全千六百首が理解されやすい。

（昭和十七年）

新月《しんげつ》の光《かけ》 出口王仁三郎玉言集　上巻

2002年2月22日 初版第1刷発行

編　　者　木庭次守
著作権者　木庭元晴 ⓒ
装　　幀　勝木雄二

発 行 者　武田崇元
発 行 所　八幡書店
〒141-0021 東京都品川区上大崎2-13-35 ニューフジビル2F
電話番号：03-3442-8129　郵便振替：00180-1-95174

印刷所　互恵印刷・トミナガ
製本所　難波製本

ISBN4-89350-375-8 C0014 ¥2800E